L'homme derrière les barreaux

Winifred Louise Taylor

Éditions Alpha

Cette édition parue en 2023

ISBN : 9789359251288

Publié par
Writat
email : info@writat.com

Contenu

PRÉFACE

De peur que quelqu'un ne m'accuse d'un optimisme extravagant à l'égard des forçats, ou ne pense que pour moi chaque oie est un cygne, je tiens à dire que je n'ai écrit que sur les hommes – parmi des centaines de forçats – qui m'ont le plus intéressé ; des hommes que j'ai bien connus et qui n'ont jamais tenté de me tromper. La vision de la vie et de l'humanité de chaque écrivain est inévitablement colorée par sa propre personnalité, et j'ai représenté ces hommes tels que je les ai vus ; mais j'ai aussi essayé, en utilisant tant de choses de leurs lettres, de laisser le lecteur libre de se faire sa propre opinion. La clé de ma propre position réside sans aucun doute dans le fait que j'ai toujours étudié ces prisonniers en tant qu'hommes ; et j'ai essayé de ne pas obscurcir ma vision en les regardant à travers leurs crimes. Pour me souvenir des conversations, je ne me suis pas appuyé uniquement sur ma mémoire, car une grande partie de ce qui a été dit lors de nos entretiens a été écrite alors qu'elle était encore fraîche dans mon esprit.

Je ne souhaite pas voir nos prisons abolies ; mais des milliers d'individus et des millions de dollars ont été sacrifiés à de mauvaises méthodes de punition ; et si nous voulons réformer nos criminels , nous devons d'abord réformer nos méthodes de traitement avec eux, du tribunal de police au pénitencier.

WINIFRED LOUISE TAYLOR.

6 août 1914.

CHAPITRE I

On m'a souvent demandé : « Comment en êtes-vous venu à vous intéresser aux prisonniers ?

Tout s'est fait simplement et naturellement. Je pense que c'est WF Robertson qui m'a le premier fait comprendre la vérité selon laquelle ce que nous mettons dans la vie est bien plus important que ce que nous en retirons. Plus tard, j'ai appris que la vie est très généreuse en retour de ce que nous y investissons.

Un jour, dans une heure calme, j'ai réalisé que ma vie était déséquilibrée ; que plus que ma part de choses qui méritaient d'être possédées me revenait et que je ne les transmettais pas ; et je ne voyais pas non plus de canal de transmission à portée de main.

La seule chose qui m'est venue à l'esprit a été d'offrir mes services comme professeur dans une école du dimanche. Or, j'étais par hasard membre d'une église épiscopale et leur école du dimanche avait lieu à une heure qui ne me convenait pas ; cependant, dans notre quartier se trouvait une église méthodiste, et comme je ne me souciais guère des lignes de division entre chrétiens, j'offris mes services le dimanche suivant à cette école du dimanche méthodiste. Ma préférence allait à une classe de jeunes filles, mais je fus affecté comme professeur à une classe de dix jeunes hommes, âgés entre dix-huit et vingt ans, et ayant la réputation d'un penchant décidé pour les pompes et les vanités si séduisantes de la jeunesse . .

C'était la saison des réunions de réveil, et au bout d'un mois, chaque membre de ma classe vibrait sous la vague de l'excitation religieuse, et chacun à son tour annonçait sa « conversion ». Je savais à peine comment gérer la situation, car j'avais encore la vingtaine et, en tant qu'épiscopalien, je n'avais jamais connu ces périodes de tempête d'enthousiasme religieux. Ainsi , pendant que les récents convertis se réjouissaient de la grâce nouvellement trouvée, je réfléchissais, six mois plus tard, au moment où une réaction pourrait survenir.

Vers la fin du réveil, un de la classe m'a dit : « Je ne sais pas ce que nous allons faire de nos soirées une fois les réunions de prière terminées, car il n'y a pas de place ouverte tous les soirs aux hommes dans cette ville. ville, sauf les saloons."

"Nous devons créer un endroit où vous pourrez aller, les garçons", fut ma réponse.

Ce que la classe commença alors à faire, c'était de former un club et de meubler joliment une grande salle gaie, pour laquelle chaque membre avait un mot d'accès ; et de créer une petite bibliothèque circulante, répondant d'un seul coup à leurs propres besoins et commençant à travailler vers l'extérieur pour le bien de la communauté.

La première contribution à ce mouvement fut celle d'un ami unitarien. Plus tard, le docteur Robert Collyer, qui prêchait alors à Chicago, et le docteur E. E. Hale, de Boston, ont chacun donné une conférence au profit de notre jeune bibliothèque. Ainsi, dès le début, nous n'étions pas entravés par le sectarisme, et en trois mois une bibliothèque fut fondée, destinée à devenir le noyau d'une bibliothèque publique florissante, maintenant établie dans un bel édifice Carnegie et étendant son influence bienfaisante dans les foyers, les écoles et les ateliers de la ville.

Bien sûr , j'étais extrêmement intéressé par la classe et par le succès de leur entreprise de bibliothèque, et comme nous n'avions pas d'argent pour payer les services d'un bibliothécaire régulier, les garçons offraient leurs services deux soirs par semaine, tandis que je prenais les choses en main. le samedi après-midi. Cette bibliothèque était la porte par laquelle j'entrais dans la vie carcérale.

Un samedi, un petit garçon est entré dans la bibliothèque et m'a tendu la charmante histoire d'amour quaker, "Dorothy Fox", en disant : "Ce livre a été sorti par un homme qui est en prison, et il veut que vous lui envoyiez un autre livre."

Maintenant, je passais devant cette prison du comté presque tous les jours depuis des années ; ses murs de pierre brute et ses étroites fenêtres à barreaux m'étaient si familiers qu'ils ne me faisaient plus aucune impression ; mais il ne m'était pas venu à l'esprit qu'à l'intérieur de ces murs se trouvaient des êtres humains dont les pensées étaient les miennes et qui pourraient aimer une bonne histoire, même une histoire raffinée, autant que moi, et qu'un homme devrait payer l'argent qu'il avait. volé pour trois mois d'abonnement à une bibliothèque me paraissait des plus incongrus.

Il s'est avéré que le prisonnier était un garçon écossais de dix-neuf ans qui, sans travail, avait volé trente-cinq dollars ; prendre de petites quantités selon ses besoins. Selon la loi de l'État, la peine pour le vol de toute somme inférieure à quinze dollars était une peine d'emprisonnement pour une période généralement de soixante jours ; tandis que le vol de quinze dollars ou plus était un délit pénitentiaire et la peine n'était jamais inférieure à un an. Je cite le récit du cas de ce garçon écossais tel qu'il m'a été donné par un homme qui se trouvait par hasard dans la bibliothèque et qui connaissait toutes les circonstances.

"Le garçon a été arrêté sous l'accusation d'avoir volé dix dollars - tout ce qu'ils pouvaient prouver contre lui ; et il aurait écopé d'une peine de prison, mais cet imbécile a fait les choses au clair, et maintenant il doit mentir prison pendant six mois jusqu'à ce que le tribunal siège, puis il sera envoyé au pénitencier sur sa propre confession.

Deux questions se posaient dans mon esprit : était-ce seulement « le fou » qui avait fait le point sur l'affaire ? Et si le garçon devait aller en prison sur la base de ses propres aveux, n'était-il pas scandaleux qu'il soit maintenu en prison pendant six mois en attendant les formalités de la prochaine session du tribunal de circuit ? Je ne pensais alors pas aux contribuables, obligés de faire vivre ce garçon au désœuvrement pendant six mois.

Cette nuit-là, je n'ai pas très bien dormi ; le garçon écossais était dans mon esprit, d'autant plus vivement que mon frère unique avait le même âge, et puis aussi les mots : « J'étais en prison et vous ne m'avez pas rendu visite », se répétaient avec une insistance insistante jusqu'à ce que je sois réveillé. obligé de répondre à la question : « Ces mots signifiaient-ils vraiment quelque chose pour aujourd'hui et maintenant ?

Le lendemain matin , j'ai demandé à mon père si quelqu'un serait autorisé à parler avec un prisonnier dans notre prison. Mon père a dit : « Oui, mais qu'aurais-tu à dire à un prisonnier ? "Je pourrais au moins lui demander quels livres il aimerait trouver dans la bibliothèque", répondis-je. Mais je n'ai pas pu amener mon courage au point d'aller en prison ; cela semblait une entreprise des plus formidables. Dimanche, lundi et mardi passèrent, et je me retenais toujours ; Mercredi, je conduisais avec mon frère, et alors que tout près de la prison, le ressort de la voiture s'est cassé, et mon frère m'a dit qu'il faudrait que je remplisse le temps quelque part jusqu'à ce que le bris soit réparé. J'ai réalisé que le moment de la décision était venu ; et avec un cœur battant à tout rompre, j'ai fait le pas décisif, sans imaginer, en franchissant la porte de cette prison, que j'allais m'enfermer en prison à vie.

Mais nous prenons tous la vie un jour, une heure à la fois ; et cinq minutes plus tard, lorsque ma main fut passée à travers la porte grillagée et que deux grands yeux gris regardèrent droit dans les miens, j'avais oublié tout le reste de mon intérêt pour le garçon. Je lui ai demandé pourquoi il avait dit qu'il avait pris trente-cinq dollars alors qu'on l'accusait seulement d'en avoir pris dix, et il a simplement répondu : « Parce que quand j'ai réalisé que j'étais devenu un voleur, j'ai voulu devenir un honnête homme et j'ai pensé que c'était le point de départ. »

Si j'avais connu un peu la loi et ses procédures, j'aurais sans doute dit : « Eh bien, vous n'avez rien d'autre à faire maintenant que de vous préparer et d'affronter votre destin. Je ne peux rien faire pour vous sortir de ce problème. Mais dans mon heureuse ignorance des obstacles , j'ai dit : "Je vais voir ce que je peux faire pour vous aider." Je n'avais qu'une pensée : sauver ce jeune homme du pénitencier et lui donner un nouveau départ dans la vie.

J'ai commencé par la personne la plus proche, la femme du shérif, et elle a choisi le shérif comme mon premier conseiller ; puis je suis allé chez la femme du procureur de l'État, et elle a gagné son mari à ma cause. Les difficultés juridiques furent surmontées les unes après les autres, et l'affaire fut réglée ainsi : j'ai assuré une bonne situation à Willy en cas de libération ; Willy a donné à l'homme à qui il avait pris l'argent un billet indiquant le montant total payable dans quatre-vingt-dix jours – le billet signé par mon père et un autre citoyen responsable ; l'affaire a fait l'objet d'une nouvelle audience sur la base de l'accusation initiale de dix dollars, et la peine de Willy a été de dix jours dans la prison du comté ; et cet heureux règlement de l'affaire fut célébré par une friandise d'oranges et de cacahuètes pour Willy et ses codétenus. Willy passa une bonne partie de ces dix jours à lire à haute voix aux autres hommes. Immédiatement après sa libération, il s'est mis au travail et avant l'expiration du délai de quatre-vingt-dix jours, la note de trente-cinq dollars a été entièrement payée. C'était là la manière sensée, juste et humaine de réparer un tort. Néanmoins, nous nous étions tous donné la main pour « aggraver un crime ».

Avec la libération de Willy, je pensais que ma connaissance de la prison avait pris fin, mais le garçon s'était intéressé à ses compagnons de misère et lors de sa première visite, il m'a dit : « Si vous pouviez savoir quelles étaient vos visites, vous ne le sauriez jamais. renoncez à aller en prison aussi longtemps que vous vivez. » Et puis je lui ai donné ma promesse. "Soyez pour les autres ce que vous avez été pour moi", tel a été le message que m'ont transmis plus d'un de ces hommes.

Tandis qu'un prisonnier Willy ne s'était pas plaint de l'état des choses dans la prison, mais après avoir payé la note de sa dette, il se mit à acheter de la paille et du coutil pour les matelas, qui furent confectionnés et envoyés à la prison pour les autres prisonniers. tandis que je poursuivais ses efforts pour rendre l'existence de ces hommes plus supportable en lui fournissant divers « exterminateurs » calculés pour réduire le nombre d'habitants superflus dans les cellules.

À l'époque, je supposais que Willy était une exception, moralement, au matériau habituel dont sont faits les criminels. Je ne le pense pas aujourd'hui, après vingt-cinq ans d'amitié avec des criminels ; d'étude des hommes eux-mêmes et des conditions et circonstances qui ont conduit à leur emprisonnement.

Willy était d'une nature bienveillante, réactif, cédant facilement aux influences environnantes, ne manquant pas tant d'honnêteté que de force de résistance. S'il avait subi la disgrâce, l'humiliation et les associations d'un séjour au pénitencier, où la première exigence de la discipline est la non-résistance, il aurait facilement pu se glisser dans les rangs des criminels « habituels », d'où il est si difficile de trouver une sortie. Je ne suis pas sûr que Willy n'ait plus jamais été malhonnête ; mais je suis sûr de son intention d'être honnête; et aux dernières nouvelles que j'ai connues de lui, après plusieurs années de correspondance, il se débrouillait bien, dirigeant un stand de cigares et une petite bibliothèque circulante dans une ville occidentale.

Depuis ce début, j'ai continué mes visites à la prison, généralement le dimanche matin, lorsque les autres visiteurs n'étaient pas admis. Et le dimanche matin, lorsque les cloches des églises sonnaient, les prisonniers semblaient être — et sans doute étaient — d'une humeur différente de celle de la semaine. Il n'y a aucun doute sur la mission des cloches des églises, qui sonnent clairement au-dessus du tumulte du monde, nous saluant le dimanche matin du berceau à la tombe.

Je n'ai célébré aucun service religieux. Je n'ai pas osé prescrire avant d'avoir compris de quoi il s'agissait. C'étaient presque toujours les livres qui faisaient faire de nouvelles connaissances, car grâce à la bibliothèque, je pouvais fournir aux prisonniers des lectures divertissantes. Ils faisaient leurs propres sélections à partir de nos listes imprimées, et j'ai été surpris de constater que ces sélections se situaient en moyenne favorablement avec le choix des livres parmi les bons citoyens du même niveau d'éducation. Il y avait certainement une certaine incongruité entre la tête cassée, tous les bandages, les vêtements en lambeaux et le goût littéraire de l'homme qui me demandait « quelque chose de George Eliot ou de Thackeray ».

Une nouvelle lue à haute voix faisait toujours plaisir aux hommes derrière les barreaux ; plus d'une fois, j'ai pu tirer des conclusions correctes sur la culpabilité ou l'innocence d'un prisonnier d'après l'expression de son visage, alors que je lisais quelque chose qui touchait les sources les plus profondes de la nature humaine. Et mon sens de l'humour m'a été d'une grande utilité auprès de ces hommes ; car il n'y a pas de franc-maçonnerie comme celle du sourire spontané qui jaillit du cœur ; et après avoir souri ensemble, nous n'étions plus des étrangers.

Un des premiers incidents parmi mes expériences en prison m'a laissé une vive impression. Un garçon d'environ treize ans, accusé de vol, a été détenu en prison plusieurs semaines dans l'attente de son procès, avec la perspective d'être transféré dans une école de réforme plus tard. En apparence, il était séduisant et sa jeunesse attirait la sympathie. Estimant qu'il fallait lui donner de meilleures chances d'avenir que celles qu'offraient alors nos écoles de réforme, j'ai essayé d'inciter le shérif à demander à un fermier de le prendre en main. Le shérif a hésité, disant qu'aucun fermier ne voudrait du garçon dans sa famille, car c'était un menteur et très profane, et par conséquent j'ai laissé tomber le sujet.

Au même moment, dans la prison se trouvait un homme d'une quarantaine d'années ou plus qui m'a dit franchement qu'il était un criminel et un vagabond depuis son enfance, qu'il avait gâché toutes ses chances dans la vie et perdu à jamais tout respect de soi. Je l'ai pris selon sa propre évaluation et il semblait vraiment être le cas le plus désespéré que j'aie jamais rencontré. Un beau soir de juin, alors que j'entrais dans le couloir de la prison pour déposer un livre, ce vieux criminel m'a appelé à côté de sa cellule pour me dire quelques mots.

"Ne laissez pas ce garçon aller à l'école de réforme", commença-t-il avec sérieux. "L'école de réforme est le foyer même du crime pour un garçon comme celui-là. Sauvez-le si vous le pouvez. Sauvez-le d'une vie comme la mienne. Mettez-le dans une ferme. Amenez-le à la campagne, loin de la tentation."

"Mais le shérif me dit qu'il est un tel menteur et jure qu'aucune personne honnête ne le garderait", répondis-je.

"Je vais l'empêcher de jurer," dit l'homme impétueusement, "et j'essaierai de l'empêcher de mentir. Ne peut-il pas voir ce que *je* suis ? Ne peut-il pas *voir* à quoi il arrivera s'il ne le fait pas." Je ne suis pas un argument vivant, un exemple vivant de la folie et de la dégradation du vol et du mensonge. Je ne pourrai jamais être autre chose que ce que je suis maintenant, mais il y a de l'espoir pour ce garçon si seulement quelqu'un donne lui une chance, et je veux que tu l'aides.

Il était impossible de résister à la force de son appel et j'ai accepté de suivre son exemple dans le but de sauver son codétenu de la destruction. Alors que je me tenais là, dans le crépuscule, à côté de cet homme sortant de l'épave et de la ruine de sa propre vie pour prêter main au sauvetage de ce garçon, si seulement les « bonnes personnes » faisaient leur part, j'espérais que saint Pierre et l'Ange de l'Enregistrement baissait les yeux. Et tandis que je lui disais bonne nuit – en serrant la main – j'ai senti que j'avais touché une âme humaine.

L'homme a tenu parole, le garçon a renoncé à jurer et s'est généralement préparé, et j'ai tenu ma part de l'accord ; mais je ne sais pas si nos efforts conjugués ont eu un effet durable sur le jeune coupable.

Au fil du temps, nombre de ces hommes furent envoyés de la prison au pénitencier d'État, et souvent leur femme ou leur famille se retrouvèrent dans le dénuement ; et la misère de la femme d'un prisonnier signifie non seulement la pauvreté, mais aussi le chagrin, la honte et le désespoir. Je n'oublierai jamais la première fois que j'ai vu une femme se séparer de son mari le matin où il a été emmené en prison. Elle était une créature sensible, nerveuse et fragile ; et sortant dans le froid glacial de décembre, portant un gros garçon de dix-huit mois et suivie d'une fille plus âgée, elle semblait l'incarnation même de la désolation. Ceux qui ne connaissent pas les pauvres m'ont dit qu'ils ne ressentaient pas la même chose que nous, que leur sensibilité était émoussée, leur imagination engourdie. Pourrions-nous le savoir ! Pouvions-nous le savoir, nous ne devrions pas être si insensibles à leurs souffrances. C'est nous qui sommes ennuyeux. Pour la femme de ce prisonnier, ce matin-là, la vie était une torture frémissante, sans aucune issue aux pensées angoissantes. Sa « maison » où je me rendis cet après-midi était une cabane dans laquelle il y avait un seul feu, mais peu de nourriture et aucun stock de vêtements ; la femme ignorait les sociétés caritatives et reculait devant la honte d'exposer ses besoins en tant qu'épouse de forçat.

Il n'est pas difficile de faire bouger les choses dans les petites villes lorsque les gens se connaissent et vivent à proximité. En moins de temps, vraiment moins de temps qu'il n'en aurait fallu pour rédiger un article pour le Woman's Club sur « Les problèmes de la pauvreté », l'épouse de ce prisonnier fut immédiatement soulagée du besoin. Raconter son histoire à une demi-douzaine de connaissances qui avaient des enfants et des vêtements superflus, pour obtenir une certaine aide mensuelle de la ville, était une affaire simple ; et en quelques mois, la femme commençait à coudre — et faisait du bon travail — pour une classe de clients fiables.

Je n'ai pas trouvé les pauvres ingrats ; vingt ans plus tard, cette femme prospère est venue me voir d'une autre ville, où elle avait été une couturière prospère, pour m'exprimer une fois de plus sa gratitude pour l'amitié accordée dans ses moments difficiles. Presque sans exception, j'ai trouvé auprès de mes prisonniers et de leurs familles une gratitude et une loyauté sans limites.

Lorsque les hommes envoyés de la prison au pénitencier n'avaient pas de famille , ils m'écrivirent naturellement. Parfois, ils ont appris à écrire en prison ou après leur arrivée en prison, simplement pour le plaisir d'échanger des lettres avec quelqu'un . Toute correspondance en prison est censurée par un fonctionnaire ; et comme mes lettres révélèrent bientôt ma relation désintéressée avec les prisonniers, le directeur, RW McClaughrey , désormais de renommée nationale, m'envoya une invitation à passer plusieurs jours comme son hôte et à faire ainsi connaissance avec l'institution.

Ce fut une expérience formidable, une expérience bouleversante lorsque j'ai réalisé pour la première fois le sens de la vie en prison. J'ai eu l'impression d'être immédiatement plongé au cœur du problème. Le caractère monstrueux de tout cela m'a consterné. Les grandes bandes de créatures rayées se déplaçant au pas comme d'énormes serpents étaient toutes si inhumaines. Leur silence muet — car même les yeux d'un prisonnier doivent être muets — était oppressant comme un cauchemar. La misère désespérée des hommes là pour la vie ; déjà ensevelis, même si les années pouvaient s'étendre devant eux, et la supplication sauvage dans les yeux des mourants à l'hôpital - car les yeux des mourants brisent tous les liens - ces choses ont hanté mes rêves longtemps après. Plus tard, j'ai appris que même en prison, il y a des lumières parmi les ombres, et que les cœurs ensoleillés peuvent encore voir leurs lueurs de soleil percer les ténèbres de leur destin ; mais ma première impression fut celle d'une tristesse totale. Lorsque j'exprimai quelque chose de cela au directeur, sa réponse fut : « Oui, chaque vie ici représente une tragédie – une tragédie si l'homme est coupable, et à peine moins une tragédie s'il est innocent.

En tant qu'invité du directeur, je suis resté au pénitencier pendant plusieurs jours et j'ai reçu une invitation permanente des plus cordiales à l'établissement, avec le privilège de parler avec n'importe quel prisonnier sans la présence d'un officier. Le luxe indicible pour ces hommes d'une visite sans la présence d'un gardien ! Certains des hommes avec lesquels j'ai parlé étaient en prison depuis dix ans ou plus, sans jamais recevoir de visite du monde vivant et seulement une lettre occasionnelle.

Mes visites au pénitencier n'étaient jamais plus de deux fois par an et je limitais habituellement la liste de mes entretiens à vingt-cinq. Avec quelle joie et quelle vitalité j'ai commencé ces entretiens, au moment où j'étais entré dans la vie de tant de détenus, j'étais tellement submergé par l'atmosphère de la prison, et la demande de ma sympathie avait été si épuisante que je pouvais donner pas plus pour le moment. J'ai découvert que le moyen le plus court et le plus sûr pour me libérer de l'influence de la prison était d'entendre une belle musique entraînante après une visite au pénitencier. Mais pendant des années, j'ai maintenu ma liste à vingt-cinq, faisant de nouvelles connaissances à mesure que les hommes que je connaissais étaient libérés. Des prisonniers que je ne connaissais pas m'écrivaient pour demander des entretiens, et les hommes que je connaissais me demandaient souvent de voir leurs compagnons de cellule, et j'avais des relations ponctuelles avec un certain nombre de prisonniers qui ne figuraient pas sur mes listes.

Ainsi, mon cercle s'est progressivement élargi pour inclure des centaines de détenus et anciens détenus de tous niveaux, depuis les universitaires jusqu'aux hommes qui ne savaient pas lire ; cependant, ce sont toujours les hommes qui n'avaient pas d'amis qui ont toujours eu le premier droit à ma sympathie ; et au fil des années, j'ai été de plus en plus en contact avec les « criminels d'habitude », les cas désespérés, les hommes laissés pour compte et oubliés ; certains d'entre eux dépassent l'intérêt même de l'aumônier ordinaire, car il y a des aumôniers et des aumôniers, ainsi que des forçats et des forçats.

Je suppose que c'est la désolation même de ces hommes qui a provoqué leur réaction rapide à toute preuve d'intérêt humain. Dans leur désir de gagner l'amitié de quiconque se souvenait qu'ils étaient encore des hommes – et pas seulement des forçats – ces prisonniers racontaient souvent franchement l'histoire de leur vie ; admettre sa culpabilité sans tentative d'atténuation. Sans aucun doute, c'était pour eux un immense soulagement de faire la part belle à leur passé à quelqu'un qui pouvait le comprendre et en tenir compte.

Cela n'a pas toujours été le cas ; certains hommes m'ont menti et ont tout simplement disparu de mon souvenir ; mais j'ai très tôt appris à suspendre mon jugement, et quand je voyais qu'un homme mentait par instinct de légitime défense , parce qu'il ne me faisait pas confiance, je lui donnais l'occasion de « me jauger » et de se rassurer sur mon opinion. fiabilité. "Eh bien, je ne pouvais tout simplement pas continuer à te mentir après avoir vu que tu étais prêt à croire en moi", fut l'aveu franc de celui qui ne m'a plus jamais menti.

Parmi ces condamnés, j'ai rencontré quelques dégénérés indubitables. L'humanitaire le plus optimiste ne peut nier que dans toutes les classes de la vie nous trouvons des cas de dégénérescence morale. Ce fait a été clairement démontré par les fils de certains de nos multimillionnaires. Et la nature humaine ne semble pas mieux supporter le poids de l'extrême pauvreté que la pléthore provoquée par une richesse excessive. Cependant, le véritable dégénéré est généralement le résultat de causes trop compliquées ou trop lointaines pour être clairement identifiées. Mais au cours de ma longue expérience avec les condamnés , je n'en ai connu qu'une douzaine qui me semblaient des criminels délibérés et au cœur noir ; et parmi ceux-ci, en l'occurrence, un seul était de filiation criminelle. Le crime n'est pas une maladie ; mais il ne fait aucun doute que la maladie mène souvent au crime. Il y a trop de débiles, de faibles d'esprit, de demi-fous et d'épileptiques dans chaque prison ; un, c'est trop ; mais on peut les compter par centaines dans notre ensemble de prisons. Souvent chaleureux, souvent dotés de fortes tendances religieuses, ils manquent de jugement ou de fondement moral. La vis qui s'est détachée quelque part dans la constitution mentale ou physique de ces hommes est à l'origine des tragédies, des tragédies pratiquement désespérées de leur vie ; même s'il n'y a peut-être jamais eu une seule heure où ils ont été criminels par intention délibérée. Ensuite, il y a ceux dont les crimes sont simplement le résultat des circonstances, et de circonstances qu'ils n'ont pas provoquées. D'autres sont des prisonniers injustement condamnés, innocents de tout crime ; mais tout condamné est classé comme criminel, comme cela est inévitable ; et selon la méthode d'identification Bertillon, sa personne même est indissolublement liée au casier judiciaire. Même en ce vingtième siècle, époque de progrès merveilleux dans de nombreux domaines , il existe une tendance menaçante parmi les législateurs à élargir les limites des peines à perpétuité - *non pas* en fonction du nombre de crimes qu'un homme peut avoir commis, mais en fonction du nombre de condamnations à perpétuité. des fois un homme a été condamné par des tribunaux notoirement indifférents à la justice ; trop souvent au regard du nombre de fois où l'homme a été « victime de notre machinerie pénale ».

Je me souviens bien d'un homme envoyé trois fois de mon propre comté au pénitencier pour des vols commis lors des troubles cérébraux précédant les convulsions épileptiques. Un jour, entre l'arrestation et la condamnation, j'ai vu l'homme inconscient et dans des convulsions si violentes qu'il a fallu l'attacher au lit de fer sur lequel il gisait. Je connaissais alors peu de choses en psychologie physiologique ; et personne n'a relié les épidémies de vol aux épidémies d'épilepsie. Et l'homme, travailleur et honnête quand il se portait bien, fut reconnu coupable de crime et envoyé au pénitencier, et en raison de condamnations antérieures pour la même cause, il fut classé comme « criminel d'habitude » .

Des cas d'injustice résultant de l'ignorance se produisent constamment. Dans nos grandes villes où « transporter » les hommes en prison n'est qu'une affaire de business, aucune considération n'est accordée à l'individu accusé, il n'est plus un être humain, il n'est qu'un « cas ». Un procureur très compétent et performant – un succès estimé par le nombre de « cas » condamnés – m'a dit un jour : « Je n'ai rien à voir avec l'innocence de cet homme : je suis *ici pour condamner* ».

L'homme de loin le plus brutal que j'aie jamais rencontré était un prototype moderne du juge anglais, Lord George Jeffreys, juge d'une de nos grandes villes, qui avait tenu entre ses mains impies le sort de nombreux accusés. Cependant, à cette seule exception près, d'après mon expérience avec les juges, je les ai trouvés courtois, impartiaux et heureux de m'aider lorsqu'ils étaient convaincus qu'un condamné n'avait pas obtenu justice.

On retrouve dans les prisons la même nature humaine que dans les églises ; développé et manifesté de manière très différente; mais pas si différent après tout, comme on pourrait s'y attendre, si l'on se souvient du contraste entre l'influence du foyer, l'éducation, l'environnement et les opportunités des détenus de nos prisons avec celles des représentants de nos églises. Dans nos prisons, nous trouvons la lâcheté, la brutalité, la malhonnêteté et l'égoïsme. Nos membres d'église sont-ils totalement exempts de ces défauts ? Certes, nous trouvons incontestablement dans nos Églises les vertus les plus élevées : l'amour, le courage, la force d'âme, la tendresse, la fidélité, le désintéressement. Et dans chaque prison de ce pays, ces mêmes vertus – amour, tendresse, courage, courage, fidélité, altruisme – se retrouvent ; souvent cachées dans le silence du cœur, mais étincelles vivantes de la vie divine qui est notre droit de naissance. Et pourtant, entre ces prisons et les églises, il existe depuis longtemps une barrière de méfiance presque infranchissable, également forte des deux côtés.

J'ai un jour rendu visite, avec un ami, à la femme d'un condamné qui, racontant un incident au cours duquel elle avait reçu une grande gentillesse de la part d'une certaine dame très en vue dans les milieux ecclésiastiques, m'a dit : « J'étais tellement surprise : je ne pouvais pas comprendre qu'elle soit si gentille. - *car elle était chrétienne* . "Eh bien, il n'y a rien d'étrange dans la gentillesse d'un chrétien", dit mon ami. "Mlle Taylor et moi sommes toutes les deux chrétiennes." La femme du prisonnier s'arrêta un moment, puis dit avec une lente emphase : « *C'est impossible* .

Nous avons tous nos normes et nos idéaux, non pas selon lesquels nous vivons mais selon lesquels nous nous jugeons les uns les autres. Cette femme connaissait les ateliers clandestins et elle savait que les chrétiens comme les juifs vivaient dans le luxe des profits tirés du travail des ateliers clandestins et des vendeuses sous-payées. Pour elle, les églises des grandes villes signifiaient l'oppression et l'égoïsme, le pouvoir et la richesse, opposés à la pauvreté et à la faiblesse, à un salaire équitable et à un jeu équitable. Sa propre expérience personnelle avec certaines personnes considérées comme chrétiennes avait été amère et cruelle ; ainsi sa vision était déformée et son jugement induit en erreur. Le même sentiment avait prévalu dans les prisons ; et je sais que l'une des raisons pour lesquelles tant d'« incorrigibles » m'ont accordé leur confiance était due à la parole qui circulait parmi eux : « Vous pouvez lui faire confiance ; elle n'est pas *chrétienne* .

Cela nous semble étrange. Mais cela ne semble pas du tout étrange lorsque nous entendons de l'autre côté : « Vous ne pouvez pas faire confiance à cet homme, il a été un condamné. »

Grâce au génie, à l'énergie, à l'enthousiasme spirituel de cette femme remarquable connue parmi les prisonniers sous le nom de "La Petite Mère", la barrière entre les églises et les prisons s'effondre récemment et pour le moment d'un côté. Les aumôniers sont considérés comme faisant partie de l'équipement de la prison et leur prédication du dimanche comme le travail pour lequel ils sont payés. Mais "La Petite Mère" vient de l'extérieur, donnant littéralement sa vie pour donner une chance aux anciens détenus de ce monde. Elle apporte aux prisons une nouvelle interprétation de la religion chrétienne, comme une aide pour les démunis, comme une amie pour ceux qui n'ont pas d'amis. En elle, ils trouvent à la fois leur idéal de bonté humaine et de belle féminité, et à travers elle, ils commencent à comprendre ce que les Églises chrétiennes entendent défendre. Mais briser les barrières du côté de la société – amener une meilleure compréhension des individus confinés derrière les murs, ce que la société estime encore nécessaire pour se protéger – est, dans la nature même de la question, une entreprise bien plus difficile.

Le cœur d'un condamné, ou le point de vue du criminel sur la vie, est presque inaccessible à l'étranger. En fait, leurs cœurs et leurs points de vue diffèrent selon leurs natures et leurs expériences. Mais penser à nos prisonniers en masse – aux mille ou deux mille hommes coupés du monde et emmurés dans chacun de nos grands pénitenciers – revient à les considérer comme des Inarticulés. La répression de leur vie a été effrayante. Tout ce qu'on leur demandait, c'était de faire partie de l'appareil du système pénitentiaire ; travailler, obéir, maintenir la discipline. Absolument rien n'a été fait pour développer l'individu. L'influence mentale et psychique de la prison a été indescriptiblement étouffante et mortifère. Chaque impulsion instinctive de mouvement, le regard, le sourire de compréhension, l'étirement des muscles fatigués, le tour de tête, tout doit être gardé ou réprimé. Toute la tendance de la discipline pénitentiaire a été de détacher l'individu de son prochain ; empêcher à tout prix la communication entre les condamnés ; et d'étouffer toute expression de l'individualité, sauf entre compagnons de cellule à la fin de la journée de travail. Et la camaraderie entre compagnons de cellule risque de s'atténuer lorsque les deux mêmes hommes sont enfermés dans une cellule de sept mètres sur quatre pendant trois cent soixante-cinq soirs par an. Peu à peu mais inévitablement, l'esprit s'émousse ; les impressions mentales perdent leurs contours nets et les facultés s'atrophient. J'ai vu cela se produire maintes et maintes fois.

Lorsque le drame de la vie en prison a commencé à se dérouler devant moi , j'ai cherché un prisonnier pour raconter l'histoire ; lui seul pouvait savoir ce que cela signifiait réellement. Mais le désir d'oublier, de se débarrasser de toute association, même de l'idée même d'avoir été lié à la vie de forçat, a été le but instinctif de l'homme moyen cherchant à se réintégrer dans la société. Parfois, un document humain rédigé par un ancien détenu paraissait imprimé, mais peu d'entre eux étaient convaincants. La conscience de l'écrivain d'avoir été un condamné l'a peut-être empêché de frapper de l'épaule, de parler d'homme à homme, ou quelque chose dans l'esprit du lecteur a peut-être négligé la valeur de la déclaration venant d'un ancien détenu ; il est plus probable que l'esprit de l'homme ait tellement disparu avant sa libération qu'il n'avait ni le cœur ni le courage de s'attaquer au sujet ; et lui aussi partageait la croyance populaire selon laquelle les prisons sont nécessaires – pour les autres.

C'est le poète et l'artiste d'Oscar Wilde qui lui ont permis, peut-être inévitablement, de déchirer le voile qui cache l'exécution du condamné et de graver l'horreur dans toute sa noirceur - un échafaud se découpant sur le ciel - dans " La ballade de Reading Gaol . " Le tableau est un chef-d'œuvre, et c'est la vérité nue ; plus efficace auprès du grand public que son "De Profundis", qui n'est pas moins remarquable en tant que littérature mais est plus exclusivement une analyse du propre développement spirituel d'Oscar

Wilde au cours de son expérience en prison. L'écrivain russe Dostoïevski , également avec une plume trempée dans les larmes et le sang de l'expérience vécue, a raconté des scènes de la vie des prisonniers russes si terribles et si intenses que l'esprit du lecteur recule d'horreur, marquant une nouvelle marque noire contre la Russie et remerciant Dieu d'avoir dans nos relations avec les condamnés, nous ne sommes pas comme ces autres hommes. Mais il n'y a pas si longtemps, un cri venu de l'intérieur a pénétré les murs d'une prison occidentale dans "Con Sordini", un poème d'une puissance remarquable, écrit par un jeune poète-musicien qui, tenu par la loi, subissait une injustice qui un Russe tarderait à l'approuver. Nul doute que d'autres esprits surdoués auront leurs messages. Mais dans l'esprit du public, le génie semblait faire passer ces hommes du statut de forçat à la classe littéraire, et leurs documents les plus humains étaient trop susceptibles d'être considérés uniquement comme de la littérature. [1]

Le génie est rare dans toutes les classes de la vie et mes amis de prison étaient de la terre ordinaire. La base de nos condamnés est presque aussi inarticulée que du bétail muet et conduit, beaucoup d'entre eux incapables de retracer les étapes par lesquelles ils sont tombés dans le crime ou d'analyser les effets de l'emprisonnement. Certains d'entre eux n'ont pas appris à manier les mots et ont des difficultés à exprimer leurs pensées ou leurs sentiments ; Cela est particulièrement vrai pour les étrangers ignorants.

L'un des hommes que j'ai connus, non pas étranger, mais absolument analphabète, est tombé très tôt dans la vie criminelle et, avant l'âge de vingt ans, purgeait une peine de réclusion à perpétuité. Après une période de solitude et de misère mentale indescriptibles, il a été autorisé à fréquenter l'école du soir de la prison. Il m'a dit qu'il ne pouvait pas dormir de joie et d'excitation lorsqu'il avait réalisé pour la première fois que grâce à des mots imprimés et écrits, il pouvait entrer en communication avec d'autres esprits, trouver de la compagnie, obtenir des informations et entrer en contact avec le grand monde libre extérieur. [2]

Lorsque je repense à mes vingt-cinq années d'amitié en prison, c'est comme si je parcourais une longue galerie de portraits, seuls les visages sont des visages vivants et les lèvres s'unissent dans un seul message : « Nous aussi, nous sommes des êtres humains de même nature. avec vous-mêmes." Pour moi, cependant, chaque visage apporte son propre message spécial, car chacun à son tour a été mon professeur dans le livre de la vie. Et maintenant, pour eux, je vais briser le sceau de mes amitiés carcérales, et laisser certains de ces détenus ouvrir leur cœur au monde comme ils l'ont été à moi, et donner leur vision de la vie humaine ; pour dessiner le tableau tel qu'ils l'ont vu. Certains d'entre eux portent la marque d'assassin, d'autres appartiennent à la classe que la loi appelle « incorrigibles ». Je crois que j'avais la réputation de connaître les pires hommes de la prison, « les anciens ». Il ne pouvait pas être vrai que mes amis étaient parmi les pires hommes, car mes amitiés en prison, comme toutes les amitiés, étaient fondées sur la confiance mutuelle ; et jamais un de ces hommes n'a trahi ma confiance.

NOTES DE BAS DE PAGE :

[1] Les périodiques récents ont fait de nombreuses révélations convaincantes au public de la part d'hommes qui ne connaissent que trop bien les conditions cruelles et barbares de la vie des détenus. Je soutiens depuis longtemps qu'aucun juge ne devrait être autorisé à condamner un homme à la prison tant qu'il ne sait pas par expérience ce qu'est réellement la vie en prison . Et maintenant, nous avons des rapports authentiques de ceux qui détiennent l'autorité qui ont fait volontairement l'expérience de la vie de forçat.

[2] En 1913, une *école intra-muros* a été créée dans le pénitencier du Maryland, et l'histoire de son effet sur l'esprit et la conduite des trente pour cent des individus analphabètes de cette prison est des plus intéressantes. Cela confirme incontestablement ma déclaration selon laquelle la base de nos condamnés est inarticulée.

CHAPITRE II

Non seulement les détenus que je connaissais n'ont jamais trahi ma confiance, mais d'anciens détenus qui me connaissaient par l'intermédiaire d'autres venaient parfois me demander des conseils ou de l'aide pour trouver du travail ; et bien des petits travaux chez nous furent bien faits par ces hommes, qui ne nous donnèrent jamais lieu de regretter notre confiance en eux. Un étranger fraîchement sorti de prison m'a contacté par une froide journée de décembre, juste avant les vacances. J'étais en plein milieu des préparatifs de Noël, et à ce jeune homme j'ai confié avec plaisir le travail de toute la journée consistant à tailler la maison avec du houx et des feuilles persistantes sous ma direction, et cela n'a jamais été fait avec plus d'efficacité ni avec plus d'esprit de Noël. . L'homme a passé de très bons moments et a confié à ma mère son désir d'avoir sa propre maison. Il nous quitta le soir le cœur réchauffé par la vision d'un vrai foyer, et sa solde complétée par un bon pardessus bien chaud. Ces hommes me faisaient toutes sortes d'aveux francs en discutant de leurs difficultés. Je me souviens d'un homme disant :

"Je veux être un homme honnête ; je n'aime pas ce genre de vie avec tous ses risques ; je veux m'installer, mais je n'arrive jamais à démarrer. Maintenant, si je pouvais juste voler un bon coup cent dollars, je pourrais me procurer des vêtements décents, payer à l'avance dans une pension respectable ; alors je pourrais trouver un emploi et je pourrais le garder ; mais personne ne me donnera du travail comme je le suis, et personne ne me fera confiance pour la pension. ". Et c'était la dure réalité. Alors que l'homme partait, il demanda :

« Pourriez-vous me donner un ou deux journaux ? Alors que je lui tendais les papiers, il m'expliqua : « Vous voyez, si un type dort au fond d'un wagon de marchandises pendant ces nuits froides – comme je suis susceptible de le faire – il ne fait pas si froid et si dur avec un journal sous lui, et si je les boutonne sous mon manteau , il ne fait pas si froid dehors. Il n'était pas étonnant que l'homme veuille s'installer.

Plusieurs incidents d'honneur parmi les voleurs sont enregistrés dans les annales de notre maison. Un soir, alors que nous partions pour notre trajet habituel, ma mère s'est exclamée : « Arrêtez-vous une minute ! Voilà l'amoureux de Katy et je veux lui parler.

Katy était notre cuisinière et son amoureux était un gros homme blond qui ressemblait beaucoup à celui qui marchait dans notre allée. Ma mère a arrêté l'homme et lui a donné cette information :

"La maison est toute ouverte et n'importe qui peut entrer et se servir. J'aimerais que tu demandes à Katy de verrouiller la porte d'entrée." L'homme s'est incliné et nous avons continué notre route.

À notre retour, Katy a rapporté qu'un homme étrange était venu à la porte de la cuisine et lui avait dit que la maîtresse souhaitait qu'elle verrouille la porte d'entrée. Elle quitta l'homme pendant qu'elle faisait cela et le trouva en train d'attendre à son retour. Puis il lui a demandé quelque chose à manger, lui disant qu'il venait de sortir de prison et qu'il souhaitait voir Mademoiselle ——— (mentionnant mon nom). Le cuisinier lui a offert un déjeuner et m'a donné rendez-vous pour le voir le lendemain.

Katy n'était pas mécontente que l'homme soit pris pour son Joe, car elle remarqua la ressemblance, mais il y avait du reproche dans son ton lorsqu'elle ajouta : "Mais tu sais que Joe s'habille toujours quand il vient me voir."

À l'heure dite, l'homme est revenu, m'apportant un message d'une connaissance, un codétenu qui avait été son compagnon de cellule en prison. Il ne fit pas allusion au fait que s'il l'avait choisi, il aurait pu profiter des informations reçues de ma mère, mais aucun meilleur plan de vol n'aurait pu être imaginé que la circonstance qui lui tombait sous la main .

Mais de tous les anciens détenus employés à diverses époques chez nous, celui auquel la famille s'intéressait le plus était George ; son autre nom n'a pas d'importance, car il a été changé si souvent.

Un dimanche matin, j'ai trouvé George le seul prisonnier de notre prison de comté. Il s'agissait d'un voleur qui attendait son procès lors du prochain mandat du tribunal, plusieurs semaines à l'avance. Il avait des yeux « sournois » et un sourire sceptique , était mince, négligé et absolument sans charme ; mais je ne pensais pas tant à cela qu'à sa solitude. Il était réservé sur lui-même mais semblait avoir une certaine éducation et un goût pour la lecture, aussi je lui fournissais des livres de la bibliothèque et je lui rendais visite une à deux fois par semaine ; mais je progressai lentement dans ma connaissance, et un jour Georges me dit :

"Je comprends parfaitement pourquoi tu viens me voir et m'apportes des choses à lire ; *tu penses que tu gagneras une place plus élevée au ciel quand tu mourras* ." En d'autres termes, George pensait que je l'utilisais comme un tremplin à mon propre avantage : son sourire sceptique n'était pas pour rien.

Comment j'ai désarmé ses soupçons, je ne le sais ; mais dans les semaines qui ont suivi son emprisonnement, nous avons fait très bien connaissance. La vie en prison était dure pour George, si dure que lorsque je l'ai vu pour la première fois sous les traits d'un condamné , je ne le connaissais pas, tellement il était devenu émacié ; et j'ai été surpris lorsque son sourire a révélé son identité. De toute évidence , il ne serait pas apte à un travail honnête une fois libéré de prison. Il ne se plaignit pas – ce n'était pas nécessaire, car son apparence ne disait que trop bien l'histoire. George était un homme d'apparence insignifiante, l'un seulement parmi les centaines envoyés dans ce lieu de punition, et, par simple hasard, on lui avait confié un travail bien au-dessus de ses forces. Lorsque j'ai attiré l'attention du gardien sur George, il a été immédiatement transféré à des travaux plus légers et il était en meilleure forme lorsque je l'ai revu la prochaine fois.

Et puis nous avons eu de longues et sérieuses discussions sur son mode de vie, qu'il défendait invariablement sous prétexte qu'il préférait être « un voleur franchement honnête » plutôt que de s'emparer des biens d'autrui sous le couvert de la loi ou de broyer les pauvres afin d'accumuler plus d'argent que quiconque ne pourrait honnêtement en posséder. George *pensait* qu'il croyait vraiment que tous les hommes d'affaires étaient prêts à tirer un avantage injuste des autres tant que leur propre sécurité n'était pas mise en danger.

À l'expiration de cette peine de prison, les lettres de Georges cessèrent pendant un certain temps, pour reprendre plus tard d'une prison d'un autre État où il travaillait dans les serres et s'était intéressé aux fleurs. Cela m'a donné ma chance.

À une heure heureuse, j'avais découvert une petite histoire d'Edward Everett Hale, "Comment M. Frye l'aurait prêché", et cette histoire avait formé mon idéal de loyauté envers mes prisonniers lorsqu'ils me faisaient confiance, et à ce moment-là, j'avais a gagné la confiance de George. En conséquence, j'ai écrit à George une lettre de Noël faisant directement appel à sa meilleure nature - car je savais qu'elle était là - et je lui ai demandé de venir me voir à sa libération en juillet suivant, ce qu'il était heureux de faire.

Ma mère avait toujours été sensible à mon intérêt pour les prisonniers, elle aimait profondément son jardin fleuri et avait du mal à trouver une aide intelligente pour entretenir ses fleurs. Elle savait que George venait tout juste de sortir de prison, et après l'avoir présenté comme un homme susceptible de l'aider avec ses roses , je les ai laissés ensemble.

Quelques minutes plus tard, ma mère est venue vers moi et m'a rapporté :

"Je n'aime pas l'apparence de ton George : il ressemble à un voleur."

"Oui," répondis-je, "tu sais qu'il a été un voleur, et si tu ne veux pas de lui , j'essaierai de lui trouver un autre endroit."

Mais les fleurs tiraient sur le cœur de ma mère et elle a décidé de faire un essai à George. Et quel bon moment ils ont passé tous les deux cet été-là ! C'était beau de les voir ensemble matin après matin, prendre soin de ces précieuses fleurs comme s'ils étaient des bébés. Ma mère avait beaucoup de charme et George lui était dévoué et se révéla un jardinier tout à fait satisfaisant. Sans conteste, les deux mois que George a passés avec nous ont été les plus heureux de sa vie. Ma mère oublia aussitôt toutes ses craintes quant à son honnêteté et en vint à le considérer comme son allié privilégié ; elle savait bien qu'il ferait tout ce qui était en son pouvoir pour la servir.

Un après-midi, ma mère m'a informé qu'elle partait en voiture avec la famille ce soir-là – elle était toujours nerveuse à l'idée de « quitter la maison seule » – et que les femmes de chambre allaient aussi sortir ; "Mais George va rester responsable de la maison, donc tout ira bien et je ne m'inquiéterai pas", dit-elle en toute confiance.

J'ai souris; mais je n'avais aucune appréhension, et effectivement nous sommes tous partis, sans même mettre l'argent sous clé ; tandis que George, muni de journaux et de cigares, restait aux commandes.

À notre retour, environ deux heures plus tard, j'ai remarqué que George était inhabituellement sérieux et silencieux, et ne voyait apparemment aucune plaisanterie dans la situation, comme il l'avait déjà fait une fois lorsque je l'avais envoyé chercher quelque chose dans un placard où la famille l'argent était bien en vue. Il m'a dit plus tard que le temps de notre absence avait été les deux heures les plus longues de sa vie et les plus dures à supporter.

Ma maison est en bordure de la ville, au milieu de douze acres avec de nombreux arbres. "Vous étiez à peine parti", dit George, "quand j'ai commencé à penser" et si quelqu'un venait cambrioler la maison et que je ne pouvais pas la défendre. Et ils ne pourraient *jamais savoir* que je n'avais pas trahi leur confiance. "

Georges passait ses dimanches sous nos arbres, parfois de garde dans le verger, ce qui l'amusait plutôt ; et je lui donnais généralement une heure de mon temps, lui suggérant des lignes de travail grâce auxquelles il pourrait honnêtement gagner sa vie, et faisant de mon mieux pour élever ses normes morales. Mais il se réservait le droit de planifier le cours général de sa vie ou, comme il aurait dit, de suivre sa propre ligne d'affaires. Il savait que son travail avec nous n'était que pour le temps et qu'il ne s'engagerait jamais quant à son avenir. Voici comment il a exprimé sa position :

"Je n'ai pas de santé ; j'aime un endroit confortable pour dormir et de bonnes choses à manger ; j'aime avoir de bons divertissements et de bons livres, acheter des magazines et les envoyer à mes amis en prison, et j'aime aider un homme quand il vient tout juste de sortir de prison. Maintenant, vous me demandez de renoncer à tout cela, de travailler dur juste pour gagner le minimum ma vie, car je ne pourrais jamais gagner un gros salaire, vous me demandez de me priver de tout ce qui m'importe juste pour le plaisir. d'une idée morale, alors que personne au monde, à part vous, ne se soucie de savoir si j'irai au diable ou non, et que je ne crois vraiment ni en Dieu ni en diable. Maintenant, combien d'hommes pratiquants connaissez-vous qui renonceraient à de l'argent - faire des affaires et accepter la moindre pauvreté et la solitude juste pour le bien d'une idée morale ? » Et je me demandais combien, en effet.

Cependant, malgré tous ses arguments pour défendre son mode de vie, au moment de nous quitter , de meilleurs désirs avaient pris racine. Le fait que ma mère considérait son honnêteté comme allant de soi produisait son effet et semblait l'engager dans un effort dans la bonne direction. Nous l'avions équipé de vêtements respectables et il avait gagné de l'argent pour tenir plusieurs semaines. Ma mère lui a donné une lettre de recommandation comme jardinier et il nous a quittés pour chercher du travail dans les parcs d'une grande ville.

Mais son apparence était contre lui et il n'eut pas de chance dans la première ville où il postula ; la période de l'année était également défavorable ; et avant que son argent n'ait complètement fondu, il investit le reste dans un stock d'aiguilles et d'autres articles domestiques d'un colporteur. Il les vendait aux femmes des fermiers et parvenait ainsi à garder corps et âme ensemble pendant un certain temps. Des lettres fréquentes me tenaient informé de l'endroit où il se trouvait, même si l'on parlait peu de ses difficultés.

Un matin, George est apparu à notre porte, semblant plus ennuyé et déprimé que je ne l'avais jamais vu. Il est resté une heure ou plus mais n'était pas très communicatif. Il était évident, cependant, qu'il avait trouvé les chemins de l'honnêteté tout aussi difficiles que ceux du transgresseur. En partant , il dit :

"Vous ne me croyez peut-être pas, mais j'ai marché toute la nuit pour avoir cette visite avec vous. Je n'étais pas en train et je ne pourrais pas autrement établir une correspondance avec cet endroit à temps pour respecter un rendez-vous avec un ami ce soir; et je je voulais te voir."

Il s'éloigna alors en toute hâte, sans me laisser le temps de supposer inévitablement que « l'ami » qu'il devait rencontrer était un « vieux copain », et me laissant me demander si j'avais un autre ami sur terre qui marcherait toute la nuit pour voir moi.

Ce n'est qu'une fois que j'ai revu George ; il avait alors l'air plus prospère et me tendit un billet de dix dollars en disant : « Je peux enfin rendre l'argent que vous m'avez prêté ; je le voulais depuis longtemps mais je n'ai pas pu.

Je ne me souvenais pas de lui avoir prêté de l'argent, alors je le lui ai dit. "Mais je veux que tu le prennes quand même", dit-il.

Et puis, mis face à face avec le voleur qui est dans l'homme, j'ai répondu :

vous prendre de l'argent qui ne vous appartient pas honnêtement."

Rougissant profondément, il plaça lentement le billet parmi quelques autres en disant : "Très bien, mais je voulais que tu le prennes parce que je savais que tu en ferais un meilleur usage que moi." Jamais la véritable ligne de démarcation entre l'honnêteté et la malhonnêteté n'avait été ramenée à la conscience de George comme à ce moment-là ; Je pense que pour une fois, il a réalisé que le bien et le mal sont blancs et noirs, pas gris.

Pendant quelques années, j'ai reçu des notes occasionnelles de George ; Je leur répondais si une adresse était donnée, mais sa vie était alors itinérante. Toujours à Noël, il lui envoyait une lettre contenant les vœux de fin d'année à chaque membre de la famille, et contenant généralement une ligne indiquant qu'il était « toujours dans ses vieilles affaires ». Lorsque ma sœur s'est mariée, le jour des noces d'or de ma mère, parmi les notes de félicitations adressées à la mariée de cinquante ans auparavant, la mariée du jour était celle de George ; et, bons ou mauvais, George n'a jamais perdu sa place aux yeux de ma mère.

Sa dernière lettre a été écrite depuis un hôpital catholique oriental où il avait été malade. Convalescent, il « aidait alors les sœurs », et il espérait qu'elles lui donneraient du travail quand il se porterait bien. Serviable, je savais qu'il le serait et loyal envers ceux qui lui faisaient confiance. Je lui ai écrit aussitôt mais je n'ai reçu aucune réponse ; et il y a de fortes chances, comme j'aime toujours le penser, que les derniers jours de George se soient déroulés en dehors des associations criminelles, et que les meilleurs éléments de sa nature étaient ascendants lorsque la fin est arrivée.

Je crois que George était le seul de mes prisonniers qui avait même bluffé pour défendre le genre de vie qu'il avait mené ; et dans son cœur, il savait que tout n'allait pas. Je ne le défends pas, mais je n'oublie pas que la démoralisation de cet homme, son manque de contrôle moral, étaient le produit logique des écoles de crime, des prisons et des prisons dans lesquelles s'est déroulée une grande partie de sa jeunesse. Oui, la vie de George constitue un échec moral ; et pourtant, aussi longtemps que les fleurs fleuriront dans ce jardin où lui et ma mère passèrent tant d'heures agréables à aider les roses à s'épanouir plus généreusement, aussi longtemps des souvenirs amicaux s'accumuleront autour du nom de George, et il a certainement bien fait sa part dans celui-ci. opportunité que la vie semble lui avoir offerte.

CHAPITRE III

Au cours des vingt-cinq dernières années, il y a eu une tendance générale à tracer des lignes de démarcation très nettes entre les criminels « corrigibles » et « incorrigibles ». On a supposé qu'un homme seulement une fois reconnu coupable d'un crime peut néanmoins être réformé, mais qu'une deuxième ou une troisième condamnation - des condamnations, pas nécessairement des crimes - est la preuve qu'un homme est « incorrigible », que le teint criminel est prêt. et l'homme devrait donc être définitivement éloigné de la société. Cela semble vraiment être un arrangement des plus judicieux si l'on considère le côté supérieur de la proposition ; pour ceux qui l'admirent d'en bas, l'apparence est tout à fait différente.

Un éminent professeur d'une faculté de droit a déclaré : « Si quelqu'un est reconnu coupable une troisième fois d' *un crime, quelle qu'en soit la nature* , il doit être emprisonné aux travaux forcés à perpétuité. » Lors d'un congrès national sur les prisons en 1886, un autre éminent professeur partagea ce sentiment : « Je crois qu'il n'y a qu'un seul remède à ce mal grand et croissant, et c'est l'emprisonnement à vie du criminel une fois déclaré « incorrigible ». » Plus tard, le gouverneur de mon propre État m'a dit qu'il n'examinerait aucune demande visant à réduire la peine d' un « criminel d'habitude ». Toute indulgence d'attitude était stigmatisée comme un « sentiment d'eau de rose ». Et le cœur de la communauté s'est endurci contre tout plaidoyer en faveur de l'homme doublement condamné. Le sort auquel il était condamné ne les concernait pas tant qu'il était enfermé en toute sécurité.

Dans notre désir de nous protéger à tout prix, nous perdons de vue que le problème criminel est tout autant une affaire de conditions que de « cas ». Dans nos grandes villes, grands réservoirs de criminalité, nous ne faisons que récolter la moisson de siècles de mal dans des civilisations plus anciennes, ainsi que dans notre propre civilisation.

Jusqu'à présent , nous avons traité davantage des effets que des causes. En effet, nos relations avec les contrevenants, depuis l'heure de l'arrestation jusqu'à l'heure de la sortie de prison, ont servi à accroître plutôt qu'à diminuer les causes du crime. Il est vrai que des milliers de nos semblables ont trouvé la vie comme un grand sable mouvant d'expériences criminelles et carcérales dans lesquelles les causes et les effets sont devenus inextricablement mêlés avec le temps.

Et il arrive parfois que l'homme doublement condamné ne soit en rien responsable de sa première condamnation, comme ce fut le cas pour James Hopkins, un bon garçon élevé dans une famille de la Nouvelle-Angleterre dans la croyance en Dieu et le respect de nos tribunaux. Il gagnait honnêtement sa vie lorsqu'il fut arrêté pour suspicion à Chicago et reconnu coupable d'un cambriolage dont il ignorait tout. Il ne connaissait rien non plus des ruses des tribunaux et comptait sur son innocence pour sa défense . Mais le cambriolage était audacieux ; il fallait punir quelqu'un , aucun autre coupable n'était capturé, aussi Hopkins fut-il envoyé dans une de nos écoles de crime soutenues par l'impôt public sous le nom de pénitenciers. Au début, le pur mal du pays a tout simplement submergé le garçon. "Soir après soir, je pleurais pour m'endormir", m'a-t-il dit. Sa cellule se trouvait au premier rang, là où il y avait une fenêtre de l'autre côté du couloir, et les soirs d'été, il pouvait voir un champ qui ressemblait tellement à celui de sa maison où il avait joué quand il était enfant. Mais l'obscurité de la soirée d'hiver empêchait tout aperçu de tout ce qui concernait la maison. Il n'avait pas écrit à sa mère ; il ne pouvait pas la déshonorer avec une lettre d'un fils de condamné. Elle l'avait prévenu des dangers de la ville, mais elle n'avait jamais imaginé quels étaient réellement ces dangers. Elle croyait fermement que les tribunaux étaient là pour protéger les innocents, et croirait-elle qu'un tribunal de justice ait envoyé un innocent en prison ? Il a perdu toute foi en Dieu et son cœur s'est endurci. Qualifié de criminel, il résolut d'être un criminel ; et quand je l'ai rencontré vingt ans plus tard , il avait un véritable casier judiciaire en tant que lanceur de coffres-forts scientifiques.

Malgré sa carrière criminelle, certaines des racines de la bonne souche de la Nouvelle-Angleterre dont il descendait ont disparu. Avec moi, il était un gentleman pur et simple, discutant des tribunaux et des prisons d'une manière aussi impersonnelle que la mienne ; et c'était un homme intelligent et un causeur intéressant. J'étais entré en contact avec Hopkins parce que je planifiais à l'époque l'avenir de son jeune compagnon de cellule et que j'avais besoin des conseils de l'homme plus âgé, ainsi que de son aide pour préparer le plus jeune à affronter les responsabilités et les tentations de la liberté ; et un meilleur assistant que je n'aurais pas pu avoir. Concernant son propre avenir, Hopkins gardait une réserve discrète et un silence ininterrompu quant à sa vie intérieure. Il avait délibérément étouffé une conscience puritaine ; mais je doute qu'il ait été complètement réduit au silence, car si les rides de son visage n'indiquaient rien de criminel ni de dissipé, c'était le visage d'un homme chez qui l'espoir et l'ambition étaient morts à jamais, un visage d'une tristesse inexprimable. [3]

Je suis libre d'admettre que lorsque je parcours les articles des journaux faisant état d'outrages brutaux et de crimes horribles, ma sympathie se tourne entièrement vers la partie lésée ; Moi aussi, j'ai le sentiment qu'aucune mesure ne peut être trop sévère pour l'auteur du crime. Qu'il existe des êtres humains dont la sécurité publique exige la détention, je ne le mets pas en doute, mais les études scientifiques modernes nous amènent à la conclusion que les crimes anormaux sont dus à des conditions physiologiques anormales ou à des tendances raciales anormales. Et le « criminel d'habitude » *n'est pas* ainsi désigné en raison de la nature de ses crimes mais en raison du nombre de ses infractions à la loi.

J'aurais peut-être été d'accord avec les opinions des savants professeurs si, au moment même où la législation de mon propre État n'accordait aucun quart aux deuxième et troisième délinquants , j'étais conduit au milieu de ce dixième submergé de notre population carcérale, et ma loyauté leur cause est depuis lors inébranlable.

"Est-ce que l'un de vos ' habituels ' s'est définitivement réformé ?" On me demande.

Ils l'ont certainement été, plus nombreux que mon optimisme ne l'espérait et dans des circonstances où j'ai été étonné que leur détermination morale ne se soit pas brisée. Selon mon opinion préconçue, le cas le plus désespéré auquel j'ai jamais assisté m'a surpris en m'installant, dans un environnement favorable, en citoyen honnête et autonome ; et nous pouvons être assurés qu'il protège ses garçons de toute connaissance de la vie criminelle.

Après avoir compris que toutes les chances étaient contre celui qui était sans le sou, marqué et estropié par des crimes et des châtiments répétés, ce n'était ni son passé ni son avenir qui m'intéressaient autant que ce qui restait de cet *homme* . Je suppose que j'étais toujours à la recherche de ce quelque chose que nous appelons l'âme. Et je l'ai parfois trouvé là où je le cherchais le moins, dans la lie même de la vie des détenus.

John Bryan se démarque clairement à cet égard. Comme je me souviens bien de ma première rencontre avec cet homme, alors âgé de plus de quarante ans, de santé fragile, purgeant une peine de vingt ans à laquelle il ne pourrait survivre. Il n'avait pas de famille, ne recevait aucune lettre et était totalement un paria. Le crime était sa « profession ». [4] Son visage n'était pas brutal, mais il était dur, d'expression réservée et marqué de rides. Il acceptait les faits de son existence apparemment sans remords, certainement sans espoir. C'était la vie telle qu'il l'avait créée, oui, mais aussi telle qu'il l'avait trouvée. Ses amis étaient des hommes de sa propre espèce et, jugés selon ses propres critères, il les avait respectés, leur avait fait confiance et leur avait été loyal. Je le savais bien car j'avais recherché sa connaissance dans l'espoir d'obtenir des informations censées être le maillon manquant d'une chaîne de preuves dont dépendait le sort d'un autre homme. J'ai assuré à Bryan que je veillerais absolument à la sécurité de l'homme dont je voulais l'adresse, mais Bryan était intransigeant dans son refus de me la donner, disant seulement : « Jenkins est un de mes amis. Vous ne pouvez pas m'inciter à la donner. Vous pouvez être assez sincère dans vos promesses, mais c'est trop risqué. Je ne vous connais pas, mais si je le savais, vous ne pourriez pas m'arracher cette information. Sachant que « l'honneur des voleurs » n'est pas une fiction, j'ai respecté son attitude.

Cependant, quelque chose chez cet homme m'intéressait et me poussa à pénétrer dans la solitude et la désolation de sa vie. Je lui proposai de lui envoyer des magazines et de répondre à toutes les lettres qu'il pourrait m'écrire. Il soupçonnait sans doute une arrière-pensée de ma part, car dans les quelques lettres que nous avons échangées, je n'ai guère fait de progrès dans mes connaissances et un deuxième entretien n'a pas été plus satisfaisant. Bryan était courtois – mes prisonniers étaient toujours courtois avec moi – mais il était évident que je ne représentais rien dans son monde. Un jour, il m'écrivit qu'il ne tenait pas à poursuivre notre correspondance et qu'il ne désirait pas une autre entrevue. Regrettant seulement de n'avoir pas réussi à toucher une corde sensible dans sa nature, je n'ai pas poursuivi cette connaissance plus loin.

Quelque temps après, alors que j'étais à l'hôpital de la prison, j'ai remarqué le nom « John Bryan » sur la porte d'une des cellules. Avant que j'aie eu le temps de réfléchir, John Bryan se tenait sur le pas de la porte, la main tendue et un sourire de bienvenue le plus chaleureux, disant :

"Je suis si heureux de vous voir. Entrez et venez me rendre visite."

"Mais je pensais que tu voulais ne plus jamais me revoir," répondis-je.

« Ce n'était pas *toi* que je voulais exclure. C'était la pensée du monde extérieur épouvantable qui nous faisait tant souffrir ici, et tu faisais partie de ce monde.

En un éclair, j'ai compris le monde de sens dans ses paroles et pendant l'heure suivante, lors de notre dernière rencontre, la graine de notre amitié a grandi et s'est épanouie comme les plantes de l'Orient sous la main du magicien. De toute évidence, il ne s'était pas rendu compte auparavant que moi aussi je connaissais son monde, que je pouvais comprendre ses sentiments à ce sujet.

Depuis deux ans, il était invalide et son monde se réduisait désormais à la « chambre morte », à la cour de l'hôpital et à l'hôpital ; ses associés, des condamnés incapables, malades ou mourants ; sa seule occupation en attendant la mort. Mais il eut amplement l'occasion d'étudier le caractère et le sort de ces camarades malades et mourants. Il ne fit aucune allusion à son propre sort mais me raconta comment, jour après jour, son cœur était serré par la pitié, par « l'agonie de la compassion » pour ces autres.

Il connaissait des cas où des hommes innocents avaient été emprisonnés à la suite de peines outrageusement sévères et injustes, d'hommes dont la santé était ruinée et dont la vie était gâchée par l'État pour une insignifiante violation de la loi ; de cas où le péché du coupable était blanc en comparaison du péché de l'État dans des maux infligés au nom de la justice. Il considérait comme un péché plus léger de voler une montre à un homme que de lui voler sa virilité ou sa santé. C'était, en effet, avec amertume d'esprit qu'il regardait les tribunaux et les églises qui défendaient la justice et la religion, tout en laissant ces torts se multiplier. Son point de vue sur le problème des prisons était tout à fait opposé au leur.

Maintenant, comme j'aurais pu comparer son score à des cas d'injustice, comme mon cœur aussi avait été serré de pitié, lorsqu'il avait compris que je le croyais et sentais avec lui que la dernière barrière entre nous avait fondu.

Il y avait à cette époque peu de personnes dans mon monde qui ressentaient comme moi la question de la prison, mais dans ce cœur soudainement ouvert à moi, j'ai trouvé beaucoup de mes propres pensées et sentiments reflétés, et nous nous sommes tenus en amis sur un terrain commun de sympathie. pour l'humanité souffrante.

Une autre surprise m'attendait lorsque je changeai de sujet en demandant à Bryan ce qu'il lisait. Il semblait que son cœur affamé cherchait la sympathie et la compagnie dans les livres. Il s'était d'abord tourné vers les philosophes grecs, et dans leur philosophie et leur stoïcisme il semblait avoir trouvé une certaine force pour endurer ; mais c'était chez les grands maîtres religieux, ces amoureux des pauvres, ces pitiés des opprimés, Jésus-Christ et Bouddha, qu'il avait trouvé ce qu'il cherchait réellement. Il avait lu « Jésus » de Renan, « La Vie du Christ » de Farrar, ainsi que le Nouveau Testament.

"Bouddha était grand et bon, tout comme certains autres enseignants religieux", a-t-il déclaré, "mais Jésus-Christ est meilleur que tous les autres." Et je l'ai laissé avec cet Ami des sans-amis.

Il semblait en effet étrange que la vie criminelle lui ait échappé comme un vêtement, et pourtant, dans notre administration pénitentiaire, cet homme était le type même de « l'incorrigible ». Quelle aurait été sa ligne de conduite si Bryan avait eu sa liberté, je ne voudrais pas le prédire. Physiquement, il était absolument incapable de subvenir honnêtement à ses besoins, et il aurait pu être d'accord avec un autre qui me disait : « Tout homme qui se respecte préfère voler que mendier. Il y a ceux pour qui aucun pain n'est aussi amer que le pain de la charité. Mais je suis certain que le John Bryan qui s'est révélé à moi lors de cette dernière interview était le *véritable* homme, l'homme qui allait de l'avant, apparemment sans crainte, pour répondre au jugement de son Créateur.

Un prédicateur réputé m'a dit un jour : « Oh, abandonne cette histoire de prison. C'est trop dur pour toi, trop épuisant et déprimant. » Et j'ai répondu : "Tous les prédicateurs du pays ne pourraient pas m'enseigner spirituellement ce que ces prisonniers m'enseignent, ni me donner une telle foi dans la destinée ultime de l'âme humaine." Mon expérience a peut-être été exceptionnelle, mais ce sont les criminels les plus âgés, les hommes qui avaient semé la folle avoine et retrouvé la raison, qui ont le plus approfondi ma foi dans la nature humaine.

Je suis heureux de citer à ce propos les paroles d'un directeur expérimenté d'un grand pénitencier de l'Est, qui déclare : « Je n'ai pas encore trouvé de cas où je crois que le crime a été enseigné par des criminels plus âgés à des criminels plus jeunes. au contraire, le conseil habituel du vieux criminel aux garçons est : « Voyez à quel crime m'a conduit, et quand vous sortirez d'ici, tenez-vous bien. »

Toute mon étude sur les « anciens » vérifie cette affirmation ; en outre, j'ai tendance à croire que, dans de très nombreux cas, les impulsions criminelles s'épuisent peu après la période de l'adolescence, lorsque la fièvre de l'antagonisme envers toute contrainte a pour ainsi dire terminé son cours ; et je crois que le moment vient où cette branche du sujet sera étudiée scientifiquement.

Il est grandement regrettable que les tribunaux pour mineurs, aujourd'hui si efficaces pour sortir les jeunes délinquants des rangs criminels, n'aient pas commencé leur travail avant que la deuxième ou la troisième infraction ait anéanti l'espoir de l'avenir d'un si grand nombre de jeunes hommes de notre société. pénitenciers; car la peine d'une durée indéterminée imposée par le conseil des grâces n'a guère contribué à atténuer le sort de ceux dont le casier judiciaire fait état de condamnations antérieures.

Jusqu'à présent, nous avons eu affaire à des crimes. Mais le moment est proche où nous aurons affaire aux hommes. [5]

NOTES DE BAS DE PAGE :

[3] Nous visualisons instinctivement des « criminels confirmés » avec des visages correspondant à leurs crimes. Mais nos préjugés sont souvent trompeurs. Un jour, j'ai remis à un groupe de commissaires de prison la photo d'un journal d'un équipage d'une université de premier plan de l'Est. L'équipage était en costume rayé et était considéré comme un condamné, à l'aide d'une petite suggestion. Il était intéressant de voir la confiance des commissaires alors qu'ils prononçaient un visage après l'autre « le type criminel ordinaire ». Le fait est qu'à une ou deux exceptions près, mes « habitués », convenablement vêtus, auraient pu passer pour des membres d'église, certains d'entre eux même pour des étudiants en théologie.

[4] J'ai rarement entendu les termes « habituel » ou « incorrigible » utilisés par les hommes de sa classe, mais les « professionnels » semblaient avoir une certaine position les uns par rapport aux autres.

[5] Pour une discussion complète de cette question, le lecteur pourra se référer à « L'individualisme dans la punition », de M. Salielles , l'une des contributions les plus précieuses jamais apportées à l'étude de la pénologie. De même, « Le but et la portée de l'eugénisme » de Sir James Barr exige la reconnaissance de l' *individu* dans le criminel.

CHAPITRE IV

Alfred Allen était l'une de mes premières connaissances parmi les prisonniers, ayant eu la chance d'être condamné à une seconde condamnation avant que l'acte criminel habituel ne soit en vigueur dans l'Illinois. Notre introduction s'est déroulée de cette manière : lors d'un de mes entretiens avec un jeune homme de confiance, qui n'hésitait pas à déclarer qu'il avait toujours étudié comment vendre l'imitation pour l'authentique, pour obtenir quelque chose gratuitement, mon attention a été détournée par il bifurque soudainement vers une description de son compagnon de cellule.

"Alfred est le type le plus étrange", commença l'homme. "C'est un cambrioleur professionnel, et l'homme le plus innocent que j'aie jamais connu ; il lit toujours l'histoire et l'économie politique, et il est tout simplement fou d'entrer dans la bibliothèque pour travailler. Il n'a aucun parent qu'il connaisse et ne reçoit jamais de visite ni de lettre. , et j'aimerais que vous demandiez à le voir.

Sur cette introduction, j'ai promis d'interviewer Alfred Allen le lendemain soir. Le directeur m'a accordé le privilège d'avoir des entretiens en soirée avec les prisonniers, temps limité uniquement par l'heure à laquelle chaque homme doit être dans sa cellule pour la nuit.

C'était un événement sans précédent pour Alfred d'être appelé chez un visiteur, et il m'a accueilli avec un large sourire et deux mains tendues. Dès cette première poignée de main, nous étions amis, car la porte de ce cœur affamé et avide s'ouvrit généreusement et toute son âme était dans ses grands yeux sombres. J'ai immédiatement compris ce que l'autre homme voulait dire en appelant Alfred « innocent », pour une nature plus directe et naïve que je n'ai jamais connue. Le garçon, car il n'avait pas encore vingt et un ans, avait tant de choses à dire. Les vannes étaient enfin ouvertes. Je me souviens qu'il s'est soudainement arrêté, puis s'est exclamé : « Eh bien, comme c'est étrange ! Il y a dix minutes , je ne t'avais jamais vu, et maintenant j'ai l'impression de t'avoir connu toute ma vie.

En réponse à mes questions, il a rapidement esquissé les principaux événements de son histoire. De parents gallois, il avait appris à lire avant l'âge de cinq ans, à la mort de sa mère. Alors qu'il était encore enfant, il perdit son père et, à l'âge de dix ans, sans abri, affamé moralement et physiquement, dans la lutte pour l'existence, il fut cireur de bottes, vendeur de journaux et parfois voleur. « Ma seule pensée était de trouver quelque chose à manger, des vêtements pour me couvrir et un endroit où dormir ; ce sont ces choses-là que je devais avoir. Souvent dans la journée, je cherchais un endroit où le soleil avait réchauffé le trottoir à côté des tonneaux, et je » J'irais là-bas pour dormir la nuit.

Enfin, vers l'âge de treize ans, il trouva une main amicale et secourable. Un homme dont il avait noirci les bottes à plusieurs reprises, qui avait sans aucun doute évalué Alfred quant à ses capacités, emmena le garçon chez lui, le nourrit bien et l'habilla confortablement. Très anxieux, l'homme plus âgé, qui devait avoir *ressenti l'honnêteté intrinsèque* d'Alfred , révéla au garçon le secret de sa vocation et la source d'où il tirait l'argent dépensé pour le confort du orphelin de la rue. Et Alfred n'eut aucun scrupule à consentir à aider son protecteur en tortillant son jeune corps souple à travers de petites ouvertures dans des bâtiments où il n'avait pas le droit d'entrer. Et c'est ainsi qu'il s'est lancé dans le business lucratif du cambriolage de magasins. [6] Après la tension, le stress et la lutte désespérée pour l'existence de l'enfant solitaire, on peut imaginer avec quelle facilité il a embrassé cette nouvelle vocation. C'était aussi un genre de vie qui fascinait son esprit aventureux ; cela lui permettait même de s'adonner à ce qui était pour lui le plus grand des luxes, celui de donner. Ses propres difficultés l'avaient rendu extrêmement sensible à la souffrance des autres. Mais Alfred n'était pas de l'étoffe dont sont faits les criminels à succès, car à dix-huit ans, il fut pour la deuxième fois en prison et fut classé parmi les incorrigibles.

C'est au cours de ce dernier emprisonnement que la pensée et l'étude avaient développé son trait dominant de générosité en un altruisme plus large. Il réalise maintenant qu'il peut mieux servir l'humanité qu'en volant de l'argent pour le donner. Il étudiait les conditions des classes ouvrières et des classes criminelles, les besoins de ce côté de la société dont il était un rejeton. Le point de départ de ce changement fut le récit d'un Anglais faisant état d'une visite dans ce pays comme « un endroit où chacun vivait pour le bien de tous ». (?) "Quand j'ai lu cela", a déclaré Alfred, "je me suis arrêté et je me suis demandé : 'Ai-je vécu pour le bien de tous ?' Et j'ai vu à quel point j'avais été un ennemi de la société, et que je devais recommencer dans la direction opposée." Ce n'est pas la cruauté des conditions sociales qu'il accusait pour son passé. Sa bonne conscience galloise s'est manifestée courageusement et l'a convaincu de sa propre part de méfaits sociaux. "Maintenant que je vais devenir un homme bon", continua Alfred, "je suppose que je dois être chrétien" - inversant l'ordre habituel de "conversion" - " et c'est pourquoi j'ai aussi étudié la religion ces derniers temps. Je' J'ai travaillé dur pour essayer de comprendre la Trinité. Alfred n'a pas entrepris les choses à moitié.

Je lui ai conseillé de ne pas s'embêter avec la théologie, mais de se contenter des principes de travail clairs et simples du christianisme, qui compteraient vraiment pour quelque chose dans son futur combat contre la vie.

Lorsque nous abordions les livres, j'étais surpris de trouver ce garçon parfaitement à l'aise avec son Thackeray et son Scott, et bien plus instruit que moi en histoire et en économie politique. Il a dit qu'il avait toujours lu, comme un vendeur de journaux dans les kiosques à journaux. , dans les salles de lecture des missions, partout où il pouvait mettre la main sur un livre. Il parlait couramment, de manière pittoresque, avec une totale liberté de toute gêne.

Dans la physionomie d'Alfred — sa photographie est devant moi — il n'y avait aucune trace du type dit criminel ; son visage était distinctement celui de l'étudiant, du penseur, de l'enthousiaste. Son destin semblait être un gâchis si cruel d'un morceau d'humanité aux fibres fines , doté d'un cerveau qui aurait fait un brillant record dans n'importe quelle université. Mais les privations morales et physiques dont a souffert son enfance ont ravagé sa santé et miné sa constitution.

Cet entretien de novembre donna immédiatement lieu à une correspondance, limitée du côté d'Alfred à la règle qui permettait aux condamnés de n'écrire qu'une lettre par mois. De mon côté, les lettres étaient plus fréquentes et les revues du dimanche étaient régulièrement envoyées. Alfred était novice en correspondance, n'ayant probablement pas écrit cinquante lettres dans sa vie. J'ai été surpris par la haute moyenne de son orthographe et l'excellence uniforme de son écriture. Afin de tirer le meilleur parti de la feuille de papier format papier qui lui était allouée, il ne laissa aucune marge et développa bientôt une écriture petite et droite, claire et presque aussi fine que celle d'un magazine.

les lettres d'Alfred, j'aimerais pouvoir transmettre aux autres le pouvoir de lire entre les lignes que m'a donné ma connaissance de l'écrivain. Je pouvais entendre la sonnerie dans sa voix et deviner souvent la pensée plus grande que le mot. Mais en le laissant parler pour lui-même, il aura au moins l'avantage d'entrer en contact direct avec l'esprit du lecteur. Les premiers extraits sont tirés d'une de ses premières lettres.

" MON CHER AMI :

"En revenant dans ma cellule le lendemain de Noël, j'ai vu une lettre, un magazine et un livre posés sur mon lit. Je savais par l'écriture qu'ils venaient de toi. Après avoir regardé mon cadeau et lu la lettre ensoleillée, j'ai essayé pour manger mon dîner. Mais j'avais la gorge nouée qui ne me permettait pas de manger, et avant de savoir ce qui se passait, je pleurais au souvenir de mon cher ami. J'étais un jour près d'un arbre de Noël de la Mission où j'ai reçu une

boîte de bonbons. Mais le vôtre était mon premier cadeau
individuel. On dit que les trois plus beaux mots de la langue
anglaise sont Mother, Home et Heaven. Je n'ai jamais connu
aucun d'entre eux. Mon premier souvenir est d'avoir été
dans une pièce avec les morts corps de ma mère. Toute ma
vie, il me semble que tous ceux que je connaissais
appartenaient à quelqu'un ; ils avaient une mère, un frère,
une sœur, quelqu'un . Mais je n'appartenais à personne et je
n'ai jamais pu réprimer le désir dans mon cœur d'appartenir.
à quelqu'un. J'ai mon Dieu, mais un cœur humain ne peut
s'empêcher d'aspirer à la sympathie humaine aussi bien que
divine.

Dans le même esprit, dans une autre lettre, il écrit :

"Je me suis parfois demandé si j'aurais dû être un garçon différent si les
circonstances de mon enfance avaient été meilleures. Je n'ai vu que de la
misère dans la vie. En prison et à l'extérieur, mon destin a été d'appartenir à
la classe qui est poussée vers le bas. le mur. J'ai parcouru les rues de Chicago
pour ne pas mourir de froid. J'ai dormi par terre sous la pluie battante.
Pendant deux ans, je ne savais pas ce qu'était un lit, alors que plus d'une fois
je n'ai eu que j'ai rompu le jeûne de deux ou trois jours grâce à la gentillesse
d'un joueur ou d'un voleur. C'était avant que je me lance dans la vie criminelle
en tant qu'entreprise... Pourtant, quand j'y réfléchis, je ne vois pas comment
j'aurais pu continuer " Dans cette vie criminelle. Je me souviens que l'homme
qui m'a enseigné le cambriolage comme un art m'a dit que je ne ferais jamais
un bon cambrioleur parce que j'étais trop prompt à ressentir pour les autres.
"

Ce n'est qu'une fois de plus qu'Alfred fit référence aux expériences amères
de son enfance et ce fut dans une conversation. Il avait bien d'autres choses
à écrire et son esprit était rempli du présent et du futur. Quatre années de
soirées dans une cellule d'une prison dotée d'une bonne bibliothèque
donnent l'occasion de lire et de réfléchir, même si une cellule de quatre par
sept mal éclairée et non aérée, après une journée de travail épuisante, ne
favorise pas activité intellectuelle. L'aubaine que cette bibliothèque de prison
représentait pour Alfred ressort clairement de ses lettres.

« Toute ma vie, écrit-il, j'ai eu un désir ardent d'étudier et de m'instruire, et je
ne crois pas qu'il se soit écoulé un jour sans que je ne sois allé un peu plus
haut. Il y a quelque temps, j'ai décidé de lire un chapitre dans le nouveau
testament tous les soirs, même si je m'attendais à ce que ce soit fastidieux.
Mais voilà ! La première chose que j'ai su, j'étais tellement intéressé que je
lisais quatre ou cinq chapitres chaque soir. L'aumônier m'a donné un

magnifique orthographe et je vais étudier dur jusqu'à ce que j'en connaisse chaque mot.

La preuve qu'Alfred était un véritable amateur de livres transparaît dans nombre de ses lettres. Il me dit:

"Même si je déteste cet endroit, si je pouvais être transféré du magasin à la bibliothèque , je serais le garçon le plus heureux de l'État. Je serais prêt à rester un an de plus en prison. Deux fois, quand ils avaient besoin d'un homme supplémentaire. la bibliothèque qu'ils m'ont envoyée. C'était une joie rien que de manipuler les livres et de lire leurs titres et j'avais l'impression qu'ils savaient que je les aimais... Merci pour le *magazine Scribner* . Mais les feuillets n'étaient pas coupés. Je veux toute l'aide et l'amitié que vous pouvez m'accorder. Je suis heureux d'avoir un magazine avec lequel vous en avez fini. Mais vous ne devez pas en acheter de nouveaux juste pour moi. The Eclectic *et* Harpers *étaient* les bienvenus. *Man versus the State* était un article splendide, également, *L'éducation comme facteur de réforme pénitentiaire et le professeur Ely sur le problème des chemins de fer. Les magazines que vous enverrez* vous rendront service, ils sont transmis à tous les hommes, mon compagnon de cellule ou moi-même. [7]

Alfred se consacrait aux écrits de John Draper et dévorait tout ce qui était à sa portée en sociologie, notamment tout ce qui concernait les problèmes du travail. Il avait ses propres théories sur de nombreux aspects du bien public, mais aucune trace d'anarchie ou de haine de classe ne déforme ses idéaux de justice pour tous. Il préconise toujours des mesures constructives plutôt que destructrices.

Alfred fait parfois référence aux poètes. Il apprécie Oliver Wendell Holmes, et Lowell est un favori particulier ; tout en se délectant des « Biglow Papers », il cite avec appréciation la poésie plus sérieuse de Lowell. La compagnie de Thackeray, Dickens et Scott a égayé et adouci de nombreuses heures sombres et difficiles pour Alfred. "Les romans de Sir Walter Scott ont brisé mon goût pour les trucs trash", écrit-il. Naturellement, "Les Misérables " de Victor Hugo l'absorbent et l'enthousiasment. "Oublierai-je un jour Jean Valjean, le galérien, ou Cosette ? En lisant le récit, je pensais qu'un personnage comme l' évêque était impossible. Je me trompais." À propos de Charles Reade, il dit : « On ne peut s'empêcher d'aimer Reade. Il a un style tellement fringant et exaltant. Et puis il n'écrivait presque jamais sauf pour dénoncer un tort ou une imposture. Même dans la fiction, sa préférence suit la tendance de son amour brûlant et de sa pitié pour les désolés et les opprimés. Comme il aurait adoré Tolstoï !

Les plaintes ou critiques concernant les difficultés de la vie de détenu ne constituent qu'une petite partie des trente lettres que m'a écrites Alfred pendant mon incarcération. Il prend cette position : « Je ne devrais pas me plaindre parce que je me suis infligé ce châtiment. » "Je suis presque heureux si quelqu'un me fait du mal parce que je sens que cela m'aide à équilibrer mon compte pour les torts que j'ai faits aux autres." N'échapperons-nous jamais à cette idée terrible de la nécessité morale de l'expiation, même au prix d'une autre ?

Néanmoins, Alfred ressent les épreuves qu'il endure et sait les présenter. Et il ne « parle pas au nom de la galerie », mais à son seul ami lorsqu'il écrit :

"Essayez de vous imaginer travailler toute la journée sur un tabouret, sans pouvoir rester debout, même si votre travail peut être mieux fait de cette façon. Si vous entendez un bruit , vous ne devez pas lever les yeux. Vous êtes à moins de deux pieds d'un compagnon mais vous ne devez pas Parlez. Vous êtes assis toute la journée sur votre tabouret et travaillez. Rien que du travail. Hors de mon esprit, c'était un plaisir pour moi, ici c'est une torture. Il semble que les minutes étaient des heures, les heures des jours, les jours des siècles. Un homme en prison est censé être une machine. Tant qu'il travaille dix heures par jour – ne sourit pas, ne parle pas, ne lève pas les yeux de son travail, travaille suffisamment pour convenir aux entrepreneurs et le fait bien et obéit à un grand nombre de règles non écrites, il va bien. Le problème avec les condamnés est qu'ils ne peuvent pas se sortir de la tête qu'ils sont des êtres humains et non des machines. Le système actuel est peut-être un bon sens politique. C'est un mauvais christianisme, mais je doute qu'il soit bon de maintenir un système qui pousse tant d'hommes à se suicider, à devenir fous ou, s'ils sortent vivants de l'Ombre, à haïr l'État et leurs semblables. Comme me l'a dit un détenu : « C'est drôle qu'à notre époque des Lumières, ils n'aient pas découvert que brutaliser un homme ne le réformera jamais. La vie en prison ne m'a pas poussé à me réformer. Cela m'a parfois rendu plus amer que je ne pensais pouvoir l'être. On ne peut pas vivre en prison sans voir et entendre des choses à faire bouillir le sang....

"Il m'arrive des moments ici où il me semble que je ne peux plus supporter la tension. D'autre part, même dans cette horrible vieille boutique, je passe des moments très heureux, en pensant à votre amitié et en construisant des châteaux en l'air. Mon air préféré Le château est construit sur l'espoir que lorsque mon temps sera écoulé , je pourrai entrer dans une imprimerie et, avec le temps, devenir éditeur. Et peut-être faire un petit quelque chose pour aider les pauvres et soutenir la cause du progrès. Dois-je réussir dans mon rêve ? Réalisons-nous un jour nos idéaux ?

"Je me demande si jamais un sculpteur a travaillé

Jusqu'à ce que la pierre froide réchauffe son cœur ardent ;

Ou si jamais un peintre d'ombre et de lumière

Le rêve de son cœur le plus profond représenté. »

"J'avais des doutes quant à savoir si le printemps était vraiment là jusqu'à ce que les violettes arrivent dans votre lettre. Maintenant, je ne suis plus un incroyant. J'ai peur d'aimer trop toutes les belles choses pour mon propre confort. Si un détenu se soucie de la beauté cette sensibilité ne peut que lui faire souffrir pendant qu'il est en prison. J'aime la musique et j'ai parfois le sentiment qu'elle me semble ne peut s'exprimer qu'à travers la musique ; et j'espère pouvoir prendre des cours de piano un jour."

J'ai découvert plus tard qu'il y avait une souche du vieux ménestrel gallois dans le sang d'Alfred, mais il y avait peu de chances, à cette époque, qu'il réalise un jour l'espoir d'étudier la musique. Pendant tout cela, alors que le garçon s'effondrait progressivement sous la pression de la vie de détenu, "rien que du travail" sur un tabouret dix heures par jour dans le cadre du contrat de chaussures. L'épuisement physique était évident dans l'écriture des lettres plus courtes dans lesquelles il me raconte la révolte de la nature contre le régime carcéral et comment, nuit après nuit, il « rêve de choses à manger ». "J'ai parfois l'impression que je meurs de faim", écrit-il. Mais le problème n'était pas tant la nourriture de la prison que le fait que le garçon était malade.

Je suis allé le voir à peu près à cette époque et j'ai été surpris par son visage maigre et affamé, par l'attrait des yeux affamés qui regardaient les miens. J'avais l'impression que la faim avait enfoncé ses crocs dans mon propre corps, et toute la nuit, que je sois en rêve ou éveillé, cette horreur m'a retenu. Heureusement : car je savais que je n'aurais pas de repos tant que les forces ne seraient pas mises en mouvement pour provoquer un changement positif chez Alfred.

Dans la routine générale de la vie carcérale, si le médecin de la prison déclare un détenu apte à travailler, celui-ci doit soit travailler, soit être puni jusqu'à ce qu'il consente à travailler ; ou--? Dans le cas d'Alfred ou en tout cas, je n'aurais pas la prétention d'attribuer une responsabilité individuelle, mais dès que l'affaire fut portée devant le directeur, Alfred reçut un changement de travail et fut soumis à un régime spécial avec les résultats les plus favorables quant à sa santé.

L'emprisonnement d'Alfred a duré environ deux ans après ma première rencontre, cette rupture de santé survenant au cours de la deuxième année. Alors que le jour de sa libération approchait, ses espoirs s'enflammaient, s'exprimant dans sa dernière lettre.

"Le mois prochain, je serai un homme libre ! Pensez-y ! Un homme libre. Libre de faire tout ce qui est juste, libre de marcher où je veux sur la terre verte de Dieu, libre de respirer l'air pur et d'aider la cause *de le progrès social* au lieu de le retarder comme je l'ai fait. »

Or, j'avais à Chicago un ami envoyé du ciel dont le cœur et la main étaient toujours ouverts aux besoins de mes prisonniers, voire aux besoins de toute l'humanité. Cet ami était un prédicateur gallois. Il m'a rendu visite à Chicago un après-midi de novembre alors que je venais de rentrer d'une visite au pénitencier. Je frémissais d'intérêt pour le prisonnier gallois que j'avais rencontré pour la première fois la veille au soir. Sûr de la sympathie de mon auditeur, je me laissai libre de raconter l'impression que me produisit Alfred. J'eus l'impression d'avoir serré la main de la Providence elle-même – n'est-ce pas ? – lorsque mon ami dit :

"Votre garçon Gallois est un de mes compatriotes. Si vous me l'envoyez une fois libéré, je pense que je peux lui ouvrir la voie." Cette perspective d'un bon départ dans la liberté était d'une valeur inestimable pour Alfred, lui donnant du courage pour l'endurance et une motivation morale pour le reste de sa peine de prison.

Chaque homme libéré de prison dans mon État reçoit un billet de retour pour le lieu d'où il a été envoyé, dix dollars en espèces et un costume. Ces combinaisons sont confectionnées par des condamnés et, même si elles ne sont pas distinctives pour l'observateur ordinaire, elles sont immédiatement reconnaissables par la police de tout l'État. Des costumes à moitié portés que je n'ai eu aucune difficulté à me procurer auprès de mon propre cercle d'amis. Ainsi , lorsque le jour de la liberté d'Alfred arriva, une belle tenue de travail l'attendait et avant le soir, aucune trace extérieure de son expérience de bagnard ne restait.

Selon un arrangement préalable, Alfred se rendit directement chez le prédicateur gallois. Ce ministre fut plus que fidèle à sa promesse, car il reçut le garçon chez lui pendant la nuit, puis l'envoya dans une petite colonie scolaire dans un État voisin où un emploi et un logement pour l'hiver avaient été assurés, l'employeur sachant L'histoire d'Alfred.

Et là, pour la première fois de sa vie, Alfred a vécu certains des bons moments qui semblent être le droit naturel de la jeunesse américaine. Voici son propre compte :

"J'ai passé un moment splendide à Thanksgiving. Toute la vallée s'est rassemblée dans la petite chapelle, chacun apportant des paniers de choses à manger. Il y avait des poulets, des oies et la dinde jamais oubliée, des tartes de toutes sortes de bonnes choses connues de l'homme mortel. Le soir, nous, garçons et filles, avons rempli deux traîneaux remplis de nous-mêmes et sommes allés faire une promenade en traîneau. Vous auriez pu entendre nos rires et nos chants à trois kilomètres de distance. Nous sommes revenus à l'école où des pommes, des noix et des bonbons circulaient. , et l'heure du coucher ce soir-là était midi. "

Ce n'étaient pas les bons moments qui comptaient autant pour Alfred que l'opportunité de s'instruire. Il a commencé l'école immédiatement et, en dehors des heures de classe, il travaillait dur, non seulement pour son conseil scolaire, mais aussi en effectuant de petits boulots dans le quartier grâce auxquels il pouvait gagner de l'argent pour ses dépenses personnelles. Il transportait dans la poche de sa veste des listes de mots à mémoriser tout en travaillant, et souhaitait toujours «qu'on n'ait pas à dormir mais qu'on puisse étudier toute la nuit». Les influences morales étaient toutes aussi saines que possible. Les gens parmi lesquels il vivait étaient travailleurs, intelligents et nobles. Parmi ses études cet hiver-là, il y avait un cours sur Shakespeare, et l'atmosphère mentale dans son ensemble était des plus stimulantes. En quelques mois, l'opportunité de travailler dans une imprimerie fut acceptée avec enthousiasme et il semblait vraiment que certains de ses rêves pourraient devenir réalité. Mais tandis que les vagues à la surface de la vie scintillaient, en dessous se trouvait le dangereux courant de la maladie. Des symptômes de tuberculose apparaissent, le travail à l'imprimerie doit être abandonné au bout de quelques semaines et le médecin d'Alfred lui conseille de se diriger vers le Sud avant que le froid ne s'installe ; car un autre hiver rigoureux dans le Nord serait probablement fatal. Après consultation de ses amis, cette solution fut décidée ; et, confiant dans la foi qu'il pourrait sûrement trouver un travail temporaire auprès des agriculteurs le long de la ligne, il partit vers le Sud, sans rêver à l'épreuve de force morale et aux bonnes résolutions qui l'attendaient. L'enfant avait cherché refuge contre la misère dans une vie criminelle contre laquelle son âme s'était révoltée de bonne heure ; mais l'homme allait maintenant affronter la lutte désespérée de la virilité pour prendre pied dans une vie honnête.

Pendant le premier mois, tout se passa plutôt bien, puis commença la malchance, tant dans les petites villes que dans les campagnes.

"Les agriculteurs ont subi deux mauvaises saisons ; il semble qu'il n'y ait pas d'argent et il n'y a pratiquement aucune ferme qui ne soit pas hypothéquée", m'a-t-il écrit, puis : "Quand j'ai utilisé le dernier centime de mes gains, je suis resté sans nourriture pendant un jour, Quand la faim a pris le dessus sur moi, j'ai vendu certaines de mes affaires. Après cela, j'ai eu une semaine de travail et j'avais deux dollars d'avance. J'ai visé Saint-Louis, à cent milles de là et j'ai parcouru toute la distance. Quelle marche ce fut ! Je n'ai jamais traversé une ville sans chercher du travail. La pauvreté là-bas est incroyable. Je suis resté fidèle à ma détermination à ne pas mendier. Je dois avouer que je n'ai jamais eu plus grande tentation de retourner à mon ancienne vie ; et je pense que si je peux vaincre la tentation comme je l'ai fait ce jour-là quand j'étais *si* J'ai faim , je n'ai aucune crainte pour l'avenir.

"Je suis arrivé à Saint-Louis avec cinq cents en poche. Pendant trois jours, j'ai parcouru les rues de la ville pour essayer de trouver du travail, mais sans succès. J'ai parcouru les journaux à la recherche d'annonces d'hommes recherchés, mais pour chaque lieu, il y avait d'innombrables candidats. Mon cœur m'a fait mal alors que je marchais dans les rues pour voir des hommes et des femmes souffrir pour le strict nécessaire de l'existence. La troisième nuit, j'ai dormi sur les marches en pierre d'une église baptiste. Puis j'ai répondu à une annonce demandant qu'un groupe d'hommes supplémentaires soit expédié. partir travailler à la construction d'un chemin de fer quelque part dans l'Arkansas. Une équipe curieuse tout au long de la mission ; la moitié des hommes étaient des vagabonds qui n'avaient aucune intention de travailler, plusieurs étaient des hommes bien habillés qui ne trouvaient rien d'autre à faire, certains étaient des cheminots qui n'avaient ne travaillaient à rien d'autre. Quand l'un des freineurs a trouvé où nous allions, il a dit : "Cet endroit ! Vous serez tous à l'hôpital ou morts, dans deux mois."

"Le deuxième soir, nous nous sommes arrêtés dans la petite ville où nous sommes actuellement. Le travail est terrible, à cause des marécages et de la chaleur. Des vingt-cinq qui ont commencé, il n'en reste que huit . Hier, je me suis évanoui à cause de la chaleur, mais si cela me tue , je continuerai à travailler jusqu'à ce que je trouve quelque chose de mieux.

Le travail n'a pas tué Alfred, mais la fièvre paludéenne a rapidement transformé les quartiers des ouvriers en une sorte d'hôpital de camp où Alfred, bien qu'incapable de travailler, a développé un talent pour soigner ceux qui étaient sans défense. Ses lettres à cette époque étaient remplies de récits de maladie et des besoins des malades. Il ne m'avait jamais demandé d'argent ; il semblait que c'était presque un point d'honneur parmi mes amis de prison *de ne pas* me demander d'argent ; mais « si vous pouviez m'envoyer quelque chose pour acheter des citrons à certains des garçons qui n'ont pas un centime », tel était son seul appel ; ce à quoi j'ai répondu avec plaisir.

Des jours meilleurs étaient cependant en route. Le temps plus frais était proche et, pendant l'hiver, Alfred trouva dans une scierie un emploi régulier, interrompu occasionnellement par de brèves maladies. Dans l'ensemble, l'année suivante fut une année de prospérité. La vie s'était résolue en un simple problème d'indépendance personnelle, et avec une bonne volonté, Alfred s'empara de la proposition, déterminé à se rendre utile à son employeur. Qu'il ait accompli cela, j'en ai la preuve dans une note de recommandation sans réserve de son employeur.

Lorsque la famille chez qui il avait vécu pendant un an était sur le point de quitter la ville, on lui offrit la possibilité d'acheter leur petite maison pour deux cent cinquante dollars, moyennant des versements mensuels ; et en trouvant un homme et sa femme comme locataires, il a pu le faire.

"Enfin, je suis dans ma propre maison", m'écrit-il. "Je suis sorti aujourd'hui sur la place et j'ai regardé la vallée avec un sentiment de fierté d'être sous mon propre toit. Je me suis réservé l'agréable pièce de devant et j'ai passé trois soirées à monter des étagères et à les décorer. et j'essaie de rendre la pièce jolie. Je vais me procurer de jolies moulures au moulin pour faire des cadres pour les tableaux que vous m'avez envoyés. Et je vais avoir un petit jardin et cultiver des légumes.

Mais l'agréable sentiment de propriété d'une maison et le plaisir de nouer des relations sociales ont été envahis par des souvenirs obsédants du passé. Les possibilités plus brillantes qui s'ouvraient à son imagination ne semblaient que souligner son sentiment d'isolement. Les conditions extérieures ne pouvaient pas altérer sa propre personnalité ni effacer ses expériences. C'était une heure sombre au cours de laquelle il écrivit :

"Comme tout cela est misérable, cette toile enchevêtrée de ma vie avec ses souffrances, ses péchés et ses rétributions. Elle est toujours avec moi. Je me vois maintenant debout devant la porte de ma cellule de prison, levant les yeux vers la petite boucle... trou d'une fenêtre dans le couloir, essayant d'apercevoir le ciel bleu ou une étoile, aspirant à l'air pur et au soleil, aspirant à la liberté....

"Aussi fort que soit mon amour pour les femmes, même si j'aspire à ce que quelqu'un partage ma vie, je ne vois pas comment je pourrais jamais demander à une femme de prendre dans sa vie la moitié de cette page noircie et tachée de crime de mon passé. Je dois essayer de trouver le bonheur en aidant les autres. »

Mais la nature était trop forte pour Alfred. Peu de mois plus tard, il me dit qu'il va se marier et que sa chérie, une jeune veuve, « est gentille et maternelle. Quand je lui ai raconté tout mon passé, elle m'a dit : « Et tu avais donc peur que je pense que le moins de toi ? Pas du tout. Cela me fait seulement mal de penser à tout ce que tu as enduré.'"

Les lettres heureuses qui suivirent ce mariage témoignent que le lien d'affection était fort entre les deux. Nous avons ici un aperçu des premiers jours du mariage :

"J'ai fait de nouveaux pas vers notre maison, j'ai posé des travaux de menuiserie raffinés sur le porche et je me prépare à peindre l'intérieur et l'extérieur de la maison le mois prochain." — Alfred était de garde de nuit à la scierie . quatre heures de l'après-midi ; j'écris près d'une fenêtre ouverte d'où je peux regarder dehors et voir les fleurs de ma femme dans le jardin. Je peux regarder de l'autre côté de la vallée jusqu'à la crête d'arbres au-delà, pendant que la brise entre apportant le parfum des pins. Dans la cuisine, j'entends ma femme chanter pendant qu'elle prépare un gâteau pour notre dîner. Mais mon ancienne ambition de posséder une imprimerie ne m'a pas quitté. J'attends toujours cela avec impatience.

Ici, je voudrais dire : « Et ils vécurent heureux pour toujours. » Mais la vie n'est pas un conte de fées ; pour beaucoup, cela ne semble qu'un creuset à travers lequel l'âme passe. Mais les vicissitudes qui suivirent au cours des dernières années d'Alfred furent celles du sort commun. Dans presque toutes les lettres, il y avait des indications d'une santé défaillante, entraînant de fréquentes pertes de temps de travail. Trois ans après son mariage, dans la joie de la paternité, Alfred m'écrit à propos du bébé, de ses manières rusées et de sa tendresse générale ; et de ce qu'il faisait lorsqu'il était revêtu de quelques petites choses que je lui avais envoyées. Puis, alors que l'enfant avait un an, arriva une lettre anxieuse racontant la maladie du bébé Alfred, puis :

" MON CHER AMI :

"Mon bébé est mort. Il est mort hier soir.

" ALFRED. "

Cette déchirure des cordes cardiaques était un nouveau type de souffrance, plus aiguë que toutes celles causées par des difficultés personnelles. Enveloppé de chagrin, il m'écrit : « En pensant à ces mots : « La tombe de mon bébé ». Je savais que je l'aimais tendrement, mais à quel point je ne le savais pas jusqu'à ce qu'il soit emmené. Ce n'est plus le même monde depuis sa mort. Pauvre petit chéri ! Le lendemain de sa maladie, il m'a regardé en face et a chanté il s'est adressé à moi et a tapé dans ses petites mains et m'a appelé « da-da » pour la dernière fois. Oh ! mon Dieu ! comme ça me fait mal. Il me semble parfois que mon cœur doit se briser....

"Depuis que le bébé est mort, regarder la nuit à la scierie est devenu une torture pour moi. Pendant les longues heures de la nuit, le visage de mon bébé se présente devant moi avec une telle vivacité que c'est angoissant d'y penser."

La fin de tout cela n'était pas loin ; de la longue maladie qui suivit, Alfred ne se remit pas, bien qu'il travaillait lorsqu'il était capable de se tenir debout ; la femme aussi était malade et le besoin de gagner un revenu était impératif. Alfred écrit avec désespoir sur ses rêves non réalisés et ajoute : « Il me semble que je n'ai réussi qu'à me réformer », mais même dans le dernier gribouillage au crayon , il s'accroche toujours à l'espoir de pouvoir à nouveau travailler.

Je ne peux considérer Alfred que comme un bon soldat qui a combattu la vie. Enfant, luttant désespérément pour la simple existence, vaincu moralement pendant une brève période par des conditions sociales défectueuses ; plus tard épuisé physiquement à cause de l'inhumanité du système de contrat de prison ; puis en respirant longuement de bonheur et de liberté grâce à la gentillesse du prédicateur gallois ; mais seulement pour se lancer dans la bataille contre des conditions économiques défavorables ; et pendant tout ce temps, il luttait constamment contre l'ennemi le plus implacable, la maladie qui l'a finalement vaincu. C'était en effet un esprit vaillant.

Parmi ceux qui étudieront cette image de la vie d'Alfred, seront-ils les « criminels d'habitude » qui revendiqueront cette ressemblance comme la leur, ou les hommes et les femmes au foyer et au cœur tendre ressentiront-ils le frisson de la parenté ?

En vérité, Alfred ne faisait qu'un avec tous les cœurs aimants qui s'efforcent de s'élever, que ce soit en prison ou au palais.

NOTES DE BAS DE PAGE :

[6] Alfred n'est jamais entré dans les maisons privées.

[7] La charmante petite histoire de Mme Burnett, "Le cambrioleur d'Editha", a fait le tour parmi les cambrioleurs de la prison jusqu'à ce qu'elle soit réduite en lambeaux.

CHAPITRE V

Un criminel habituel du type prononcé était mon ami Dick Mallory. Je n'ai aucun souvenir de notre première rencontre, mais il devait avoir trente ans à l'époque, il était au pénitencier pour la troisième fois et purgeait une peine de quatorze ans. Au début de notre connaissance, je lui ai demandé d'écrire pour moi un récit détaillé de son enfance et de son enfance, de l'environnement et des influences qui avaient fait de lui ce qu'il était, ainsi que de ses impressions sur les diverses maisons de correction et institutions pénales mineures dont il avait été un. détenu. Il fut autorisé à le faire grâce à une autorisation spéciale, et le directeur du pénitencier donna son accord quant à la fiabilité générale de ses déclarations. Le bref aperçu suivant de sa jeunesse est un résumé de ses propres récits.

On ne peut pas considérer Dick Mallory comme une victime des conditions sociales, et il n'était pas non plus issu d'une filiation criminelle. L'un de ses grands-pères était agriculteur, l'autre mécanicien. Son père était un ouvrier, sa mère une femme au grand cœur, d'une grande gentillesse et jusqu'au bout dévouée à son fils. Il devait y avoir un manque constitutionnel de fibre morale chez Dick, qui était le même garçon capricieux et ingérable que connaissent les mères au cœur brisé dans toutes les classes de la vie. Impulsif, généreux, doté d'une sociabilité débordante, il s'est frayé un chemin auprès des bagnards et des gardiens des différents établissements pénitentiaires inclus dans son expérience variée. Je déteste mettre des mots sur cela, mais Dick était indéniablement un voleur ; et sa carrière de voleur commença très tôt. À l'âge de sept ans, il fut envoyé dans une école paroissiale et là, me dit-il : « C'étaient des garçons coriaces, moi y compris. C'est là que j'ai reçu mes premières leçons de vol. Nous parcourions toutes les ruelles. sur notre chemin pour aller et revenir de l'école, entrer par effraction dans les hangars et voler tout ce que nous pouvions vendre pour quelques centimes, en utilisant l'argent pour entrer dans des théâtres bon marché.

Cette anarchie précoce a conduit à des délits plus graves jusqu'à ce que le garçon de treize ans soit envoyé dans une école de réforme. Cette expérience de réforme scolaire – à la fin des années 70 – lui a permis de bénéficier de la meilleure culture possible pour tout le mal qui était dans sa nature. Cette école de réforme a été ouvertement désignée comme un « foyer de criminalité » pour l'État. Inévitablement, Dick a laissé un garçon pire qu'à son entrée. Une autre délinquance suivit bientôt, pour laquelle il fut envoyé en prison pendant un mois, la mère espérant que cela lui « donnerait une leçon ». " C'est vrai. *Mais oh, quelle leçon.* Oh ! mais c'était un endroit difficile pour un garçon ! Il y en avait de trois à sept dans chaque cellule, certains d'entre eux étaient des garçons plus jeunes que moi, des criminels endurcis. Nous étions parqués ensemble dans l'oisiveté, n'apprenant que des leçons de crime. En moins de six mois, j'y suis allé une deuxième fois. Puis ma mère a déménagé dans un autre quartier, mais hélas, pour le changement. Cette même localité a produit plus de voleurs que toute autre partie de Chicago, qui ville ensanglantée par le péché. Depuis le moment où j'ai fait ma connaissance dans ce quartier, j'étais un voleur confirmé et un objet constant de suspicion pour la police.

"Un soir, j'ai été arrêté selon des principes généraux, emmené au commissariat de police et défilé devant toute l'équipe de police, le capitaine disant : 'Voici le fameux Dick Mallory, regardez-le bien et amenez-le de nuit ou jour, où que vous puissiez le trouver. » Cela compléta son inimitié envers la loi et l'ordre.

Peu de temps après, une expérience dans la maison de correction s'ensuivit dont il dit : « C'était ma première fois là-bas et c'était une époque misérable. Sodome et Gomorrhe, dans leurs jours les plus radieux, ne pouvaient pas y tenir tête. Vous savez qu'à ce moment-là Je n'étais pas un poulet de printemps, mais l'endroit me rendait malade ; il grouillait littéralement de vermine, les hommes à moitié affamés et à moitié vêtus. » Cette expérience en workhouse a été répétée à plusieurs reprises et a été considérée par la suite comme la plus basse dégradation morale de toute sa carrière. "Je n'ai pas essayé de trouver du travail pendant ces intervalles de liberté, car j'étais arrêté chaque fois que je rencontrais un policier qui m'avait vu auparavant."

Complètement démoralisé, Dick Mallory recherchait les saloons, d'abord pour des raisons de sociabilité, puis pour le stimulant qui donnait un zeste temporaire à la vie, jusqu'à ce que l'habitude de boire se confirme et conduise à des crimes plus graves.

Peut-être que ni nos tribunaux modernes pour mineurs ni nos méthodes améliorées dans les écoles de réforme et les maisons de correction n'auraient sensiblement modifié le cours de la vie de Dick Mallory, même si un cours approfondi de formation manuelle aurait pu transformer ses tendances destructrices en forces constructives et qu'un enseignement approprié aurait pu lui a inculqué quelques principes de civisme. Quoi qu'il en soit, il n'en restait pas moins qu'avant que ce garçon n'ait atteint sa majorité, son emprisonnement était devenu une nécessité sociale ; il était devenu le type même contre lequel nos lois les plus sévères étaient dirigées.

Mais ce n'était pas ce Dick Mallory que j'ai si bien connu dix ans plus tard et qui fut pendant deux ans ou plus mon guide et mon directeur dans certains des meilleurs travaux que j'ai jamais accomplis pour les prisonniers. Curieusement, cet homme, totalement irresponsable et anarchique comme il l'avait été jusqu'ici, était un prisonnier modèle. Il s'est immédiatement aligné, a appris rapidement son métier dans le contrat de chaussures, est devenu un ouvrier expert, gagnant environ soixante dollars par an grâce à un travail supplémentaire. Il était gai, sensé, pondéré ; et s'est installé pour conquérir la vie avec la détermination d'en tirer le meilleur parti et de profiter au maximum de l'occasion de lire et d'étudier le soir. L'homme normal en lui s'exprima. Sa comparaison entre la maison de correction et le pénitencier penchait entièrement en faveur de ce dernier. Il reconnaissait la nécessité d'une discipline stricte pour des hommes comme lui ; il comprenait les difficultés du poste de directeur et ses critiques à l'égard des institutions se limitaient pour l'essentiel aux abus inhérents au système des contrats. N'entrant jamais en contact avec des malades ou des handicapés, lui-même doté de l'entrain irrépressible des fils d'Erin, physiquement capable de faire plus que tout le travail qui lui était demandé, son point de vue sur la vie des détenus et l'administration pénitentiaire était à cette époque tout à fait différent de celui de John Bryan. Il se lança dans ma correspondance avec une ardeur qui ne faiblit jamais, parcourant chaque centimètre carré du papier à lettres qui lui était attribué, conservant chaque ligne de mes lettres et les relisant dans sa cellule pendant les longues après-midi du dimanche. Depuis des années, il profitait des bibliothèques de la prison. Ses lectures étaient principalement scientifiques ; Il chérissait particulièrement Galton, Draper et Herbert Spencer. Son roman préféré était « Joshua Davidson » de M. Linton, une paraphrase moderne et frappante de la vie de Jésus. Sa bonhomie lui a valu de nombreuses petites faveurs et privilèges de la part des gardiens de prison, et la période où je l'ai connu en tant que prisonnier a été sans aucun doute la période la plus heureuse de sa vie.

Nous avions toujours sous la main un jeune prisonnier que nous essayions de sauver de la vie criminelle. Il s'agissait généralement d'un compagnon de cellule de Dick avec lequel il avait fait une parfaite connaissance. Et à l'extérieur, la mère de Dick était toujours prête à aider son fils à remettre sur pied le fils d'une autre mère. Notre première expérience mutuelle dans ce sens s'est avérée au début quelque peu décourageante. L'extrait suivant d'une des lettres de Dick parle de lui-même, non seulement de notre *protégé*, Harry, mais aussi de l'attitude de Dick dans ce cas et dans des cas similaires.

"Mon frère m'a écrit qu'Harry s'était brûlé le pied et était incapable de travailler pendant un mois, période pendant laquelle un de mes amis payait sa pension. Une fois rétabli, il est retourné au travail pendant quelques jours, a touché son salaire et a quitté la ville. , laissant mon ami de sa poche. Maintenant, j'aimerais compenser cette perte parce que je me sens responsable d'Harry. Je n'ai jamais perdu confiance en lui; et ce qui me fait le plus mal, c'est que je suis incapable de lui faire savoir que Je ne lui en veux pas, je lui donnerais vingt dollars à l'instant même si je savais où lui parviendrait une lettre.

"Je n'ai jamais essayé directement d'abaisser quelqu'un à mon propre niveau, et si je ne parviens jamais à m'élever bien au-dessus de mon niveau actuel , j'aimerais être le moyen d'élever les autres." Cependant, Harry ne s'avéra pas totalement une entreprise perdue et Dick fut ravi de recevoir de meilleures nouvelles de lui plus tard.

Nous avons eu plus de chance la prochaine fois lorsque Ned Triscom , un jeune compagnon de cellule de Dick, a été libéré. Dick avait planifié l'avenir de ce garçon depuis des semaines, demandant mon aide pour trouver une situation et organiser une école du soir, les factures étant garanties par Dick. Nos plans ont porté encore mieux que nous l'espérions. Ned s'est avéré vraiment être le bon type, et lorsque je l'ai rencontré plus tard à Chicago, mes impressions ont plus que confirmé le rapport favorable de Dick. Mais Ned était *la trouvaille* de Dick , et Dick devait faire son propre rapport.

"Je tiens à vous remercier pour ce que vous avez fait pour mon ami Ned. Il m'écrit chaque semaine depuis son départ, et cela me fait du bien de savoir qu'il est sur la grande voie du succès. Dès que vous commencerez à recevoir des nouvelles de vos amis qui l'ont rencontré, vous entendrez des choses qui réjouiront votre cœur. Il fait l'éloge avec enthousiasme de Miss Jane Addams, a passé quelques soirées à Hull House et va souvent voir ma mère. remarquablement bien avec son travail et a gagné vingt-quatre dollars la semaine dernière. Il n'a pas de parent plus proche qu'une tante, à qui il rendra visite pendant ses vacances. Je ne lui ai jamais rien demandé sur son passé *et* il ne m'a jamais rien dit. J'ai simplement jugé de lui par ce que j'ai vu de lui. J'ai toujours pensé qu'il n'était pas à sa place ici et maintenant je me demande comment il a pu arriver ici.

J'aimais Dick pour n'avoir jamais rien demandé à Ned sur son passé. Grâce à l'intérêt de Dick pour le garçon, Ned fut immédiatement placé dans un environnement moral sain à Chicago, et c'était vraiment un jeune homme très intéressant et prometteur avec de très bonnes manières. Il m'a rendu visite un soir à Chicago et m'a semblé aussi bon que n'importe qui, avec les bons intérêts, et il est resté en correspondance avec moi aussi longtemps que je répondais à ses lettres.

Mme Mallory était autant intéressée que moi par les expériences philanthropiques de Dick, et plusieurs hommes fraîchement sortis du pénitencier passèrent leurs premiers jours de liberté au soleil de son accueil chaleureux et à l'abri de son toit hospitalier. Ainsi Dick Mallory, sa mère et moi formions une sorte de secouriste auprès de la société des ex-détenus.

Un autre des protégés de Mallory était Sam Ellis, dont les semailles criminelles de folle avoine semblaient être l'expression d'une nature dotée d'un appétit insatiable pour l'aventure. L'aventure de l'anarchie l'attirait comme un jeu, les risques mêmes qu'elle comportait l'attiraient, comme « le jeu rouge de la guerre » a attiré beaucoup de jeunes hommes et le jeu de la haute finance a pris au piège beaucoup d'hommes plus âgés.

Mais Sam Ellis s'adonnait également à des aventures mentales – dans le jeu consistant à rendre la fiction si convaincante qu'elle était acceptée comme un fait, car Sam était né pour raconter des histoires. Peut-être aurais-je dû considérer Sam comme un pur menteur, mais je n'ai jamais pu le considérer ainsi, car il discutait franchement de cette faculté comme il aurait pu discuter de n'importe quel autre talent ; et il m'a dit qu'il trouvait une fascination sans fin à faire croire aux autres les pures inventions de son imagination. J'ai toujours pensé qu'en tant qu'écrivain de fiction, il aurait trouvé sa véritable vocation et aurait réussi. Il avait aussi le sens de la littérature, et je pense qu'il a exprimé avec plaisir ce que les livres peuvent être pour un prisonnier dans l'extrait suivant d'une de ses lettres :

"J'ai dévoré Sénèque, Montaigne, Saadi, Marc Aurèle, Rochefoucauld, Bacon, Sir Thomas More, Shelley, Schopenhauer, Clodd, Clifford, Huxley, Spencer, Fiske, Emerson, Ignatius Donnelly, Bryan, BO Flower, JK Hosmer, et une foule de lumières moindres. À propos d'Emerson, il dit : "Nous sommes amis. Cela a été une grande ascension pour moi et une terrible descente pour lui. Je n'ai rien fait d'autre que lire, réfléchir, parler et rêver sur Emerson pendant deux semaines, et la familiarité ne fait que cimenter notre l'amitié la plus forte. Il a fallu une pensée extraordinairement élevée pour créer des choses aussi pures et délicieuses. Il élève l'individu dans une atmosphère plus élevée et poursuit la pensée selon des lignes larges et libérales. Au lieu de nous faire regarder dans le caniveau pour voir le reflet du ciel, il nous fait regarder vers le ciel lui-même. » Durant ses heures de dépression, cet homme recherchait la compagnie de Marjorie Fleming. En vérité, il comprenait la valeur du vieux conseil : « Pour te distraire d'une fantaisie gênante, il suffit de courir vers tes livres . » Et penser à cette chère Marjorie qui se fraye un chemin à travers le siècle et la mer pour égayer et égayer la demeure même de la tristesse et du désespoir ! Cet homme n'avait aucune envie de lire des romans policiers - il les vivait - sa vie hors de prison était pleine d'excitation et d'escapade. Lorsque les moments de réflexion arrivaient, il se tournait vers quelque chose de complètement différent ; et les forces qui œuvraient vers le haut en lui n'étaient-elles pas aussi vitales et actives que les tendances vers le bas ?

Quoi qu'il en soit, ni Dick Mallory ni moi n'avons réussi à maîtriser cet être mercuriel ; mais il n'a jamais essayé de s'imposer à aucun de nous, a toujours été sensible à mon intérêt pour lui et a trouvé l'occasion de me rendre un bon service avant de disparaître de mon horizon dans une région minière de l'extrême ouest où l'attendaient sans doute d'autres aventures. Dick Mallory a toujours considéré Sam avec une affection chaleureuse, et sa personnalité tranchée a laissé une image vivante dans ma mémoire.

Je trouve que Dick Mallory était le centre d'où émanaient davantage de mes connaissances en prison que de toute autre source. Son esprit était toujours en alerte concernant les hommes qui l'entouraient et il était toujours à la recherche de moyens de les aider. Dans l'une de nos interviews, son salut était :

"Il y a ici deux garçons polonais que vous devez voir ; et vous devez faire quelque chose pour eux."

"Je ne ferai pas la connaissance d'un autre prisonnier, Dick", fut ma réponse. "J'ai maintenant plus d'hommes sur ma liste que je ne peux en rendre justice. Je n'ai pas le temps pour un autre."

"Cela ne fait aucune différence que vous ayez le temps ou non, ces garçons devraient partir d'ici et il n'y a personne d'autre que vous pour les faire sortir", dit Dick d'un ton définitif.

Je vis instantanément que non seulement le sort des garçons polonais était en jeu, mais aussi ma position aux yeux de Mallory ; car entre nous deux il y avait une entente tacite selon laquelle nous pouvions compter l'un sur l'autre, et Dick savait parfaitement que je ne pouvais pas lui faire défaut. Rien dans toute mon expérience en prison ne me réchauffe autant le cœur que la pensée de nos garçons polonais. Aucun d'eux n'avait vingt ans ; c'étaient des travailleurs de bonne moralité, et pourtant ils purgeaient une peine de quinze ans imposée en raison de quelques détails techniques dans une loi mal formulée.

Mon entretien avec le plus jeune des garçons fut tout à fait satisfaisant. Je l'ai trouvé franc et intelligent et prêt à m'exposer chaque point de son cas. Mais avec l'aîné, c'était différent ; il écoutait en silence toutes mes questions, refusant toute réponse. Finalement, je dis : « Vous devez répondre à mes questions, sinon je ne pourrai rien faire pour vous. Puis il tourna vers moi ses grands yeux de velours noir et me dit seulement : « Tu veux me faire du mal ? Quel commentaire sur l'expérience du garçon dans les tribunaux de Chicago ! Il ne pouvait tout simplement pas concevoir qu'un étranger le recherche avec un motif autre que nuisible. Et nous n'avons pas fait d'autres progrès cette fois-là, mais quand je suis revenu, il y avait de la bienvenue dans les yeux de velours noir, et avec le salut : « Je sais maintenant que tu es mon ami », il m'a fait sa déclaration et a répondu à toutes mes questions.

Il semblait désormais impossible qu'une peine aussi sévère ait pu être infligée à ces garçons sans motif valable. Mais j'avais confiance dans le jugement de Dick Mallory à leur sujet, et mes propres impressions étaient tout à fait favorables ; de plus, mon bon ami le directeur était convaincu qu'une grave injustice avait été commise.

Il m'a fallu deux ans avant d'avoir démêlé tous les fils, rassemblé tous mes témoignages et porté l'affaire devant le gouverneur. Le gouverneur examina attentivement les journaux, puis dit :

"Si j'avais fait tout mon travail avec autant de minutie que celui-ci, je ne devrais pas être critiqué comme je le suis maintenant. Que voudriez-vous que je fasse pour ces garçons ?"

Faisant un élan audacieux vers ce que je voulais, je répondis : « Je voudrais que vous m'accordiez deux pardons que je pourrai accorder aux garçons demain.

Le gouverneur sonna son secrétaire, à qui il dit : « Faites deux grâces pour ces garçons polonais. Et dix minutes plus tard, les deux grâces en main, je quittais le bureau du gouverneur. C'est ainsi que je dois à Dick Mallory l'une des heures les plus heureuses de ma vie.

Lorsque je suis arrivé à la prison le lendemain, la bonne nouvelle m'avait précédé. L'un des agents m'a accueilli à la porte et m'a serré les deux mains en guise de bienvenue, en disant :

"Il n'y a pas un officier ou un détenu dans cette prison qui ne se réjouisse de la liberté de ces garçons, et chaque détenu le sait."

Quant aux garçons polonais eux-mêmes, le blond, un cher garçon, attendait de bonnes nouvelles ; mais les yeux de velours noir du ténébreux étaient déconcertés par l'incroyable chance. Je me suis tenu à la porte et leur ai serré la main alors qu'ils entraient en liberté, et j'ai ensuite reçu des lettres de tous deux donnant les détails de leur retour. Et ainsi le but de Mallory fut atteint.

Ce ne sont là que quelques-uns des nombreux qui avaient une dette de gratitude envers cet homme. L'année dernière encore, un homme en train de mourir en Angleterre, dans une de ses lettres, m'a fait part de sa gratitude pour l'aide que lui avait apportée Mallory à sa sortie de prison il y a de nombreuses années. Les lettres de Mallory sont toutes le témoignage d'un coup de main. À travers eux passe le fil d'argent de la bonté humaine, les traces des bienfaits conférés et des efforts déployés en faveur des autres.

Et qu'en est-il de la vie de Dick Mallory après sa sortie de prison ? Il avait toujours manqué de confiance en lui-même et en son avenir, et maintenant le courant de l'existence semblait s'opposer à lui. Il avait trente-deux ans et plus de la moitié de sa vie avait été passée en détention, sous contrainte. Dans son ambition de gagner de l'argent tout en travaillant sur des contrats pénitentiaires, il avait trop sollicité ses ressources physiques et nerveuses. Selon ses propres mots : « Je ne me rendais pas du tout compte de l'état physique dans lequel je me trouvais. Si seulement j'avais pu aller dans un endroit où j'aurais pu récupérer sous surveillance médicale ! Mais non ! Je voulais seulement me rendre au travail . *je savais que c'était du travail.* "

Les temps difficiles de 1993 sont arrivés, un homme devait accepter le travail qu'il pouvait obtenir, et Mallory ne pouvait pas faire le travail qui lui était proposé. Sa mère est décédée et la maison a été détruite. Il recourut de nouveau à la sociabilité du saloon et, avec le renouvellement d'anciennes associations et sous l'influence de stimulants, l'anarchie imprudente de son enfance éclata de nouveau en une action qui aboutit à une peine dans une autre prison.

L'homme était complètement écrasé. Son ancien casier judiciaire a été mis au jour et il s'est retrouvé pris au piège dans les embûches de son passé. Il était amèrement humilié : il n'était pas en mesure de gagner un sou et aucun canal n'était désormais ouvert pour les impulsions généreuses encore fortes en lui. L'ancien entrain de sa nature vacillait encore de temps à autre des braises mourantes, mais s'assombrissait peu à peu en un sourd désespoir en ce qui concerne sa propre vie. Mais son intérêt pour les autres a survécu, et les seules faveurs qu'il m'a jamais demandées étaient en faveur des « garçons » qu'il ne pouvait plus aider. Il m'écrivait toujours librement et ses lettres racontent leur propre histoire :

"À un moment donné de notre amitié, je croyais vraiment que tout était possible dans mon avenir. Je n'ai jamais eu l'intention de te tromper. Et quand j'ai réalisé mes promesses non tenues, mon cœur s'est brisé aussi. Je n'ai plus jamais été le même homme depuis et je ne pourrai plus jamais le être. " Je ne peux m'empêcher de regarder du côté obscur car la vie a été si dure pour moi. Ah ! c'est un endroit difficile quand on arrive au stade où l'avenir semble aussi désespéré que moi. "

Et c'était vraiment désespéré ; l'emprisonnement et la dissipation avaient fait leur œuvre et sa mort survint peu après sa sortie de cette prison. Puisque sa vie s'était révélée être un jeu perdu , il valait bien mieux qu'elle se termine. Mais Robert Louis Stevenson n'avait-il pas raison de croire que tous nos échecs moraux ne diminuent pas la valeur de nos qualités et de nos bonnes actions ? Le bien que Mallory a fait était positif et durable ; et sûrement son nom devrait être écrit parmi ceux qui aimaient leurs semblables.

Pour moi, le coup le plus cruel du sort de Dick Mallory a été celui-ci : dans l'esprit de beaucoup, son histoire peut sembler justifier la sévérité de la législation contre les criminels d'habitude. Malgré tous ses efforts pour sauver les autres, il ne pouvait pas se sauver lui-même – et bien qu'il connaisse l'injustice résultant des condamnations à perpétuité contre les « habituels », la somme de sa vie comptait contre la clémence envers cette classe.

CHAPITRE VI

Dick Mallory lui-même a été condamné à la peine maximale de quatorze ans pour vol en vertu de l'acte criminel habituel ; et il n'était pas mécontent de la sentence dans son propre cas parce qu'il trouvait la vie au pénitencier dans l'ensemble aussi satisfaisante qu'elle l'avait été à l'extérieur ; et quand je l' ai rencontré , il s'était profondément intéressé aux autres prisonniers. Mais il était mécontent du fait que « l'acte habituel » soit appliqué sans discrimination à toute personne reconnue coupable d'une deuxième infraction. Il faisait une étude sur son propre compte des hommes individuels appelés « habituels ». Je n'ai jamais compris comment Dick Mallory parvenait à en savoir autant sur les détenus individuels qu'il en savait ; mais il était un fin observateur et un esprit vif, et les gardes et les contremaîtres lui donnaient souvent des bribes d'informations. Il a cependant admis que sa connaissance réelle des hommes soumis à « l'acte habituel » était maigre et m'a demandé de faire quelques observations personnelles. À cette fin, il me donna une liste d'une demi-douzaine d'hommes que je promettais d'interroger, et c'est ainsi que commença ma connaissance de Peter Belden, une connaissance destinée à se poursuivre de nombreuses années après que Dick Mallory fut hors de portée des tribunaux terrestres.

Peter Belden était alors un homme d'environ trente ans, retardé de croissance, quelque peu sourd, avec le bras droit paralysé à la suite d'un accident survenu dans le magasin de la prison. Ses cheveux, ses yeux et son teint étaient très colorés, mais ses traits bons et forts exprimaient l'intelligence. Il portait les rayures des condamnés, ce qui avait pour effet d'effacer l'individualité dans toute la prison.

Malgré ces désavantages physiques, un casier judiciaire et une vie dans un environnement défavorable, une certaine force et virilité inhérentes à sa nature se sont fait sentir. Il tenait pour acquis que je ne mettrais pas en doute sa sincérité, moi non plus. Il ne disait rien de ses propres difficultés, ne faisait aucun appel à ma sympathie, mais discutait de l'acte criminel habituel de manière tout à fait impersonnelle et intelligente ; assumant d'emblée l'attitude de quelqu'un prêt à m'assister dans tout effort au bénéfice de la classe criminelle à laquelle il appartenait.

Mais pendant qu'il parlait des autres , je pensais à lui, et quand je me demandais ce que je pouvais faire pour lui personnellement, il me demanda d'obtenir la permission du directeur pour avoir un crayon et une tablette dans sa cellule, car il aimait travailler. à des problèmes mathématiques dans sa cellule. C'est la seule faveur que m'a demandé cet homme pendant qu'il était en prison, et à ce jour, je ne sais pas s'il a trouvé injuste sa peine de quatorze ans. Comme il était sans amis, qu'il ne recevait ni n'écrivait de lettres, il était trop heureux de correspondre avec moi. J'ai été surpris, en recevant sa première lettre, de trouver son écriture de gauche régulière et claire, avec seulement quelques fautes d'orthographe ou d'anglais correct.

Toujours intéressé par l'origine et les influences formatrices qui avaient abouti à la vie criminelle de ces hommes, j'ai demandé à Belden d'écrire pour moi l'histoire de sa jeunesse ; et je le donne à partir de ses propres lettres, maintenant devant moi, dans ses propres mots autant que possible :

"J'ai souvent pensé que les opportunités de la vie étaient assez difficiles pour moi, mais j'ai toujours essayé d'en tirer le meilleur parti. Je sais qu'il y en a beaucoup qui ont vécu pire que moi, et dans ma pitié envers eux, j'ai réussi trouver le côté difficile de la vie plus facilement qu'autrement.

"Je suis né sur une île au large des côtes de l'Angleterre. Mon père et ma mère étaient d'origine irlandaise, mais nous parlions tous anglais et français, et j'ai été à l'école pendant quatre ans avant d'avoir douze ans. Mes études étaient en français et en anglais. , l'histoire, la grammaire et l'orthographe ; mais j'ai tout mis de côté pour l'arithmétique et les autres branches des mathématiques : aussi loin que je me souvienne, j'avais un goût avare pour les chiffres ; je gagnais mes frais de scolarité en faisant de petits travaux chez un agriculteur, car nous étions très pauvre. Mon père était un gros buveur et nous étions quatorze dans la famille. Il y avait des jours où nous n'avions qu'un repas ou deux, et certains jours où nous n'avions rien du tout à manger.

La mère du garçon était ambitieuse pour son éducation ; elle avait des parents dans l'un de nos États occidentaux, et quand Peter eut douze ans, il fut envoyé dans ce pays, étant entendu qu'il devait rester à l'école.

"Mais au lieu d'aller à l'école comme je m'y attendais, j'ai été frappé et frappé ici et partout. Ma cousine disait : "C'est l' école , tu veux , n'est-ce pas ? Je vais te donner l'école ", et son école était toujours donné avec un gourdin ou un coup de pied. « Apprendre et éduquer » ? Vous en avez déjà trop fait ; sortez et occupez-vous de la vache.'"

Le garçon a enduré cette vie pendant plusieurs mois, « redoutant tellement ce cousin que parfois je restais dehors toute la nuit, dormant dans les bois voisins ». Puis, au bout d'une heure de désespoir, il a décidé de s'enfuir et, après deux ou trois emplois temporaires où il a travaillé pour sa commission , il a dérivé vers les régions forestières du Michigan. Là, son ambition d'éducation fut satisfaite d'une manière inattendue et des plus curieuses.

Au cours des années 70, diverses rumeurs concernant des maisons immorales en rapport avec ces régions forestières circulaient, et des mesures ultérieures furent prises qui dispersèrent efficacement les détenus. L'une de ces maisons était tenue par un diplômé d'université de l'Est, qui avait été formé pour le ministère mais qui avait dévié du chemin droit et étroit vers le commerce de la contrefaçon ; en conséquence, il passa cinq ans en prison et chercha ensuite refuge contre son passé dans les régions sauvages du Michigan.

Le hasard ou le destin conduisit Peter Belden, un garçon de treize ans, dans le cercle de la domination de cet homme, où, curieusement, le côté supérieur de la nature du garçon trouva une chance de se développer. Peter a été embauché chez ce « Rossman » comme gardien des chiens et comme garçon de courses générales. L'homme, Rossman, a étudié le garçon et, découvrant sa passion pour l'apprentissage, a cimenté un lien entre eux par la promesse d'un équivalent à un cours universitaire.

C'était, en effet, comme tomber dans le giron de la chance pour Peter d'être habillé et nourri et de recevoir sa propre chambre « avec des livres universitaires sur les étagères » ouverte à son usage à tout moment ; " et il y avait en outre une malle pleine de livres, de livres scientifiques de toutes sortes. "

Et ici, à sa guise, le garçon se délectait de l'utilisation des livres. L'étude était son loisir : et fidèle à sa parole, Rossman lui donnait un enseignement quotidien, lui faisant découvrir l'algèbre, la trigonométrie et les diverses branches des mathématiques supérieures, sans omettre la géographie et l'histoire et l'étude biblique tous les *dimanches* . Qui peut comprendre les hauteurs et les profondeurs, les complexités mystérieuses de la nature de Rossman ? Voici l'hommage de Peter à l'homme :

"J'ai été avec lui pendant trois ans ; j'ai toujours pensé qu'il était très gentil, non seulement avec moi mais aussi avec toutes les filles de la maison et envers tout le monde ."

Dans cette communauté moralement interdite, Pierre grandit jusqu'à l'âge de seize ans, attirant vers lui, par un certain magnétisme inhérent à sa propre nature, les meilleurs éléments de son environnement défavorable. Et c'est ici que s'est produit le seul roman de sa vie ; de son côté, au moins, cela semble avoir été aussi idyllique que l'étaient les sentiments de Paul pour Virginia. La jeune fille, jeune et jolie, était membre bénévole de « Rossman's ». Elle aussi avait une histoire. Élevée plutôt strictement par sa famille, elle avait été placée dans une école conventuelle, où elle trouvait la répression et la contrainte insupportables. Dans son désir téméraire de liberté, profitant d'une occasion de s'échapper de l'école du couvent, elle trouva refuge dans la ville la plus proche et, là-bas, fut incitée à rejoindre le groupe Rossman sans connaître l'abîme dans lequel elle s'enfonçait. Elle était encore novice dans cette aventure lorsqu'elle s'est intéressée à Peter Belden, le jeune étudiant. Ensemble, ils travaillèrent sur des problèmes chiffrés, leur discours allant souvent des problèmes des livres aux problèmes de la vie, en particulier de leur propre vie, jusqu'au jour où Peter lui dit qu'il ne pouvait pas vivre sans elle.

Ensuite, les deux jeunes gens ont décidé de quitter cette communauté, de se marier honnêtement et de résoudre le problème de la vie ensemble. Cependant, cela ne devait pas être le cas, car la mort a emporté la jeune fille rebelle et a clôturé le bref chapitre de romance dans la vie de Belden. Et l'homme, âgé maintenant de près de soixante ans, garde encore ce bout de printemps dans son cœur, et « Mai » – si bien nommé – par la distillation du temps et l'alchimie de la mémoire lui apparaît désormais un ange de lumière, l'unique l'amour de sa vie.

D'autres changements étaient désormais en cours. « Rossman's » n'était plus toléré et le propriétaire fut obligé de dissoudre son groupe et de quitter cette partie du pays. C'est alors que l'influence véritablement néfaste de Rossman s'est affirmée, détruisant fatalement la jeune vie désormais liée à lui par des liens de gratitude et d'habitude, et transformant même le développement de son don mathématique en une malédiction. Contraint d'abandonner l'affaire peu recommandable dans laquelle il s'était engagé, Rossman ouvrit une maison de jeu à Chicago, initiant Belden à toutes les voies obscures et à toutes les esquives astucieuses pratiquées dans ces enfers de jeu. Ici, le don naturel de Belden pour le calcul et la combinaison de nombres, renforcé par une formation mathématique, est entré en jeu. La fascination du jeu en soi s'est même glissée dans l'une des lettres que Belden m'a adressée, où plusieurs pages sont consacrées à prouver comment certains résultats peuvent être obtenus par la manipulation scientifique des cartes. Mais une fois de plus, les affaires de Rossman tombèrent sous l'interdiction de la loi et, peu après, pour un acte manifeste de malhonnêteté, Belden fut envoyé au pénitencier.

Un an plus tard, un ex-détenu au pouvoir de résistance affaibli par la rigidité de la discipline carcérale, sans commerce, les dix dollars donnés par l'État investis dans des vêtements de dessus bon marché pour remplacer le costume, reconnaissable d'un coup d'œil par la police, que le L'État étant alors accordé à l'ex-détenu, Belden retourna à Chicago. Sans amis, sans le sou, habitué à vivre selon son intelligence, Belden fut bientôt de nouveau « en difficulté », fut rapidement reconnu coupable pour l'acte criminel habituel et condamné à la peine maximale de quatorze ans. Belden a purgé trois ans de cette peine après le début de notre connaissance. Il avait eu un accident qui avait entraîné la paralysie de son bras, et son avenir était désespéré et morne. Cependant, après avoir perdu l'usage de sa main droite, il se mit immédiatement au travail pour apprendre à écrire avec sa main gauche, ce qu'il accomplit rapidement. La tablette accordée par le directeur à ma demande fut bientôt couverte de problèmes mathématiques abscons ; Le calcul différentiel n'avait bien sûr aucun sens pour les gardes, mais un approvisionnement continu en tablettes était autorisé comme un exutoire sûr pour un esprit considéré comme « fêlé » en matière de chiffres. En raison de ses infirmités, les tâches de Belden en prison étaient légères ; son dévouement envers le directeur McClaughrey , qui le traitait avec gentillesse, le maintenait obéissant aux règles de la prison, tandis que son caractère obligeant lui valait l'estime amicale de ses codétenus. Et ainsi le temps s'est écoulé jusqu'à sa libération définitive. Cette fois, il a quitté la prison vêtu d'un costume d'occasion bien ajusté envoyé par un ami. Dick Mallory, qui était alors un homme libre, l'accueillit à Chicago, le vit à bord du train pour une autre ville dans laquelle j'avais arrangé son entrée dans une « maison », et, avec une bonne volonté, hâta son départ des rangs criminels. C'était en 1893 ; Depuis ce jour, Peter Belden mène une vie honnête.

Les résidents de la maison, ou les membres de cette famille, comme la sainte femme qui avait établi et dirigé le lieu considérait ces hommes, étaient censés contribuer aux dépenses de la maison ce qu'il en coûtait réellement pour les entretenir. Pendant les durs hivers de 1894 et 1895, des milliers d'hommes valides cherchaient vainement du travail et attendaient leur tour dans la pauvreté à la fin d'une journée infructueuse, tandis que Peter Belden, avec son bras droit inutile, saisissant toutes les chances de gagner un petit salaire. montants, et par le plus strict abnégation, réussit à répondre aux stricts besoins de sa vie. Une ou deux fois pendant quelques jours, il n'a pas pu le faire, mais le directeur de la maison l'a aidé pendant ces pauses ; et je savais par elle que Belden ne cessait de s'efforcer de faire ses dépenses. L'extrait suivant d'une lettre écrite au cours de l'hiver 1895 montre que cela était loin d'être facile :

"Je suis en assez bonne santé, merci, mais j'ai traversé une période très très difficile. Faire de mon mieux, je n'arrive pas à avancer ; hier, j'ai dû emprunter un dollar à la maison. Je continue de m'en sortir . , jour après jour, je vends du papier à lettres. J'ai eu envie d'abandonner par désespoir plusieurs fois ces derniers mois. Quelque chose, *cependant* , me dit de continuer. Vous m'avez gentiment demandé si j'avais besoin de vêtements. Oui, merci toi, j'ai besoin de chaussures et de bas et je n'ai pas d'argent pour les acheter. Maintenant, cher ami, ne dépense pas d'argent pour m'acheter ces choses ; je serai heureux et reconnaissant pour tout ce qui a été utilisé auparavant.

À mesure que la prospérité financière revenait progressivement, il devint plus facile pour Belden de joindre les deux bouts. Parmi sa clientèle de papier à lettres, il a établi des relations amicales et a pu élargir son stock d'articles vendables, et il a gagné la confiance de deux grandes entreprises qui lui ont fourni des marchandises à tempérament. À ce moment-là, le directeur de la maison m'a écrit :

"Je suis profondément intéressé par Peter Belden, car il a été un homme bon, honnête et travailleur depuis qu'il est venu chez nous. Je tiens à vous dire qu'il apprécie pleinement vos aimables efforts. Il travaille sérieusement dans une entreprise. manière, et tous ceux qui ont quelque chose à voir avec lui en tant qu'homme ont confiance en lui.

Les intérêts de Belden ont également commencé à s'élargir et ses fréquentes lettres à cette époque sont comme des images animées, donnant un aperçu des intérieurs de diverses maisons et des contacts avec toutes sortes de personnes - une femme juive sympathique, un brillant évêque catholique, un faux guérisseur magnétique et fraude spiritualiste. Il s'est même adressé au célèbre Dean Hole à la fin d'une conférence afin d'obtenir l'autographe du doyen, qu'il m'a envoyé ; et il a eu des expériences intéressantes avec divers autres personnages. Il était fréquemment entraîné dans des discussions religieuses, mais il tenait fermement à ce que les croyances ou l'absence de croyances n'étaient rien pour lui tant que l'on était bon et utile aux autres. Cette simple croyance était cohérente avec sa ligne de conduite. La pitié a toujours habité son cœur, et je ne crois pas qu'il ait jamais manqué l'occasion de donner un coup de main. Il n'a pas oublié les prisonniers laissés dans le pénitencier où il avait été incarcéré, leur envoyant des revues, des lettres et des messages par mon intermédiaire. Dans une de ses lettres, je retrouve ce bref incident, si caractéristique de l'homme tel que je l'ai connu :

"En parcourant aujourd'hui, j'ai vu un pauvre chien aveugle... C'était un spectacle bien pitoyable. Il allait un peu ici et là un peu, allant d'avant en arrière. Le pauvre ne savait pas où il était, car il était aveugle au possible, et non seulement aveugle mais boiteux aussi. Quelque chose m'a frappé quand je l'ai vu; je me suis dit: "Je suis estropié mais je serai peut-être un jour comme ce pauvre chien; qui peut le dire? Je le ferai certainement ce que je peux pour lui.

"Je ne pouvais pas le ramener à la maison avec moi mais j'ai fait la meilleure chose, car je l'ai pris dans la meute de garçons qui commençaient à le poursuivre et je l'ai donné à une femme qui regardait par la fenêtre, visiblement intéressée et sympathique ; elle a promis pour prendre soin de lui. »

Dans les centaines de lettres que Belden m'a écrites, je ne trouve aucune ligne de condamnation ni même de critique sévère à l'encontre de qui que ce soit, bien qu'il partage les préjugés communs aux hommes de sa classe contre les riches membres de l'Église. Non pas qu'il enviait leurs biens, mais, connaissant trop bien la cruauté et le danger moral de l'extrême pauvreté et prêt à dépenser son dernier dollar pour soulager la souffrance, il ne pouvait tout simplement pas concevoir comment il était possible pour un disciple du

Christ d'accumuler richesse alors que les ateliers clandestins et le travail des enfants existaient.

À cette période de la vie de Belden, sa connaissance des mathématiques lui procurait un grand plaisir et cela le mettait en évidence dans les colonnes de journaux consacrées aux énigmes mathématiques, où « M. Belden » était cité comme autorité finale. De nombreuses coupures de journaux étaient incluses dans ses lettres, et j'ai devant moi une note autographe à Belden de la part du rédacteur en chef d'un journal important, dans laquelle il dit :

"Votre solution au problème est une analyse très ingénieuse et mathématiquement savante de la question présentée, et hautement honorable grâce à votre talent."

Cette reconnaissance de supériorité dans le domaine de son don naturel et de sa passion était certes précieuse pour Belden, mais il était extrêmement sensible à l'égard de son passé et évitait tout contact et toute connaissance avec ceux qui pourraient être curieux à ce sujet. Et être connu comme un détenu de la maison, c'était être connu comme un ancien détenu.

Cette vie d'ex-détenu estropié, il devait la supporter jusqu'au bout : ce n'est qu'en dehors de cela qu'il pourrait rencontrer des hommes comme leurs égaux ; et ainsi il garda son incognito, mais sans succès.

Un jour, il fit l'expérience d'aller dans une ville voisine et d'essayer de faire un usage commercial de ses mathématiques, mais il ne parvint pas à atteindre son point de départ. Il n'avait aucun diplôme d'enseignant et, même s'il aurait pu être utile en tant qu'expert comptable, ses inconvénients étaient trop importants pour être surmontés.

Au fil des années, des allusions à la perte de temps due à la maladie se sont multipliées. Sa fidèle amie, la surintendante de la maison, était passée à sa récompense, et la maison telle que Belden l'avait connue appartenait au passé.

La vie devenait un jeu perdu, un problème trop difficile à résoudre, lorsque des tendances tuberculeuses de longue date se sont développées et que Belden est devenu responsable d'une branche du mouvement antituberculeux, où il a passé un été à l'extérieur. Ici, il affronta franchement le fait de la maladie qui se développait et, de manière caractéristique, il lisait tous les ouvrages médicaux sur le sujet que proposait le camp, déterminé à mener une bonne lutte contre l'ennemi. Il semblait trouver une sorte de réconfort à se lier à certains hommes de génie qui avaient combattu le même ennemi ; il mentionne Robert Louis Stevenson, Chopin et Keats et, avec un peu de chance, d'autres qui ont finalement vaincu la maladie.

À l'approche du froid, il fut jugé préférable d'envoyer Belden dans un climat plus chaud ; des dispositions furent prises en conséquence et on lui donna un billet pour un endroit très éloigné où l'on pensait qu'il aurait de meilleures chances de guérison. Là, pendant un certain temps, il se ressaisit et devint plus fort, mais seulement pour affronter de nouvelles difficultés. Physiquement incapable de gagner sa vie, il ne tarda pas à devenir charge publique et à être placé dans une infirmerie pour vieillards ; pendant plus de cinquante ans, la pauvreté et la lutte contre le destin avaient laissé sur le corps épuisé les traces de toute une vie. Mais le "quelque chose" qui lui disait de continuer à traverser de nombreuses épreuves ne l'abandonne pas maintenant, et le vieil esprit de détermination à tirer le meilleur parti des choses tient toujours. Ses lettres montrent à peu près la même habitude d'observation qu'autrefois ; des morceaux de paysage brillent comme des images à travers certaines de ses pages, et des associations historiques qui pourraient m'intéresser sont rassemblées et rapportées. Son intérêt le plus vital à l'heure actuelle semble être la production de ce livre, car il croit fermement que personne d'autre ne peut « parler au nom des prisonniers » comme l'écrivain.

Il semble que même la Mort elle-même, « qui brise toutes les chaînes et libère tous les captifs », ne peut pas être tendre envers Peter Belden, et les retards arrivent, à travers des jours fatigants et des nuits encore plus fatigantes. Mais enfin, lorsque le sombre rideau de la vie sera levé, nous ne pouvons qu'espérer qu'une fortune plus heureuse l'attend dans un pays plus heureux.

CHAPITRE VII

Lors de ma première visite au pénitencier de mon propre État, le directeur m'a surpris en disant : « Parmi les meilleurs hommes de la prison se trouvent les hommes « à vie », ceux qui sont ici pour meurtre.

Je ne pouvais alors me rendre compte à quel point cela était vrai, mais comme avec le temps j'ai appris à bien connaître tant de ces hommes, les paroles du directeur se sont pleinement confirmées.

La loi classe le meurtre d'une personne par une autre sous trois chefs : le meurtre au premier degré ; meurtre au deuxième degré; et homicide involontaire. Le meurtre délibérément planifié et exécuté constitue un meurtre au premier degré ; et pour cela, dans beaucoup de nos États, la peine est encore la peine capitale ; sinon, meurtre légal délibérément planifié et officiellement exécuté, la peine reproduisant le délit dans ses grandes lignes. C'est la conception populaire selon laquelle la punition est adaptée au crime ; et sa persistance ignore la vérité évidente selon laquelle, aussi longtemps que la loi justifie et donne l'exemple de prendre la vie dans des circonstances données, aussi longtemps l'individu se justifiera de prendre la vie dans des circonstances qui lui semblent justifier de le faire ; l'individu prend simplement la loi en main. La guerre et la peine de mort sont les deux sources les plus puissantes de suggestion mentale en direction du meurtre.

Lors de chaque exécution dans l'enceinte d'un pénitencier, la suggestion du meurtre se répand parmi les autres condamnés et présente un danger particulier pour ceux qui sont mentalement malades. Tant que la peine capitale est maintenue comme étant nécessaire à la protection de la société, chaque État devrait avoir son bourreau d'État ; et les exécutions devraient avoir lieu dans la capitale de l'État, en présence du gouverneur et d'autant de législateurs que possible dans la ville. En reléguant au pénitencier la vilaine fonction de Jack Ketch, nous évitons de nous rendre compte de ce que tout cela est – combien révoltant, combien barbare – et nous jetons une horreur de plus dans l'atmosphère psychique de la vie carcérale.

Plusieurs facteurs se sont conjugués pour que la peine de mort reste si longtemps sur le trône de la justice. L'évolution n'a pas encore éliminé de l'être humain l'instinct sauvage et élémentaire de la soif de sang, si effroyablement révélé dans la ruée révoltante de la population avide d'assister aux exécutions publiques perpétrées en France au cours de ce siècle ; des exécutions publiques au mépris du fait établi selon lequel des hommes jusqu'alors inoffensifs ont échappé à la vue d'une exécution dans le but de tuer un individu tout aussi inoffensif.

Beaucoup d'hommes et de femmes honnêtes, ignorant l'effet pratique de quelque chose d'aussi obscur que la « suggestion », croient honnêtement que la peur de la peine de mort a une influence restrictive sur la classe criminelle. Dans les États et pays qui ont eu le courage d'abolir la peine de mort, la solidité de la théorie de « l'effet dissuasif » est mise à l'épreuve ; les statistiques varient selon les localités mais l'ensemble des statistiques générales montre une diminution des meurtres suite à l'abolition de la peine de mort.

Un partenaire silencieux en faveur de la peine capitale est l'hypothèse générale selon laquelle le meurtrier est un être humain normal et moralement responsable. La science nous amène maintenant à une compréhension plus claire de la relation entre le moral et le physique dans la nature humaine, et nous commençons à percevoir que les causes, les courants sous-jacents, les impulsions anormales qui font surface dans la nature sont complexes et de grande portée. l'acte de meurtre. Il y a quelques années, en Angleterre, après avoir examiné le cerveau d'un certain nombre d'hommes exécutés pour meurtre, on a constaté que quatre-vingt-cinq pour cent de ces cerveaux étaient organiquement malades. En admettant que ces hommes étaient des meurtriers criminels, nous devons également admettre qu'ils étaient mentalement malades, eux-mêmes victimes de maladies avant que d'autres ne le deviennent. Où se situe la responsabilité morale, seul le Créateur peut le savoir ; peut-être que dans une pièce bondée d'un immeuble infect, une mère surmenée ou un père brutal a frappé un petit garçon à la tête, et le petit cerveau s'est *détérioré*, certaines de ces cellules cérébrales infinitésimales liées à la conduite morale ont été écrasées, et des années plus tard, l'effet du coup cruel porté à la tête de l' enfant sans défense a culminé avec le coup meurtrier de la main de cet enfant devenu adulte. Et derrière le coup porté à l'enfant, il y a le saloon, l'atelier clandestin, la pauvreté amère et le besoin qui peuvent transformer un être humain en brute. Les bars et les ateliers clandestins fleurissent parmi nous, et la pression de la pauvreté est cruelle, et leurs conséquences sont terribles, les coups infligés aux enfants sans défense. Lorsque l'État s'efforcera vigoureusement d'éliminer ou d'améliorer les conditions sociales qui sont à l'origine du crime, il y aura moins de meurtriers anarchiques susceptibles d'être légalement assassinés.

À maintes reprises, des hommes innocents ont été exécutés pour meurtre. Tout est contre un homme accusé de meurtre. La simple accusation contrarie le public contre l'accusé. La presse, qui aime faire du sensationnel, se joint au parquet, parfois aussi à la chaire. On a recours aux tortures de la sueur, afin que l'accusé puisse être amené à se convaincre lui-même avant d'être jugé ; et celui qui n'a pas d'argent peut se trouver condamné simplement parce qu'il ne peut pas prouver son innocence – bien que la loi prétend tenir un homme innocent jusqu'à ce que sa culpabilité soit prouvée.

Pendant des années, j'ai défendu la peine de mort comme alternative miséricordieuse à l'emprisonnement à vie. Sachant que la certitude de l'approche de la mort peut provoquer un éveil spirituel et faire remonter à la surface tout ce qu'il y a de meilleur chez un homme ; croire que la mort est la grande libératrice et la porte d'entrée vers des choses supérieures ; sachant qu'un homme emprisonné à vie peut devenir mentalement et spirituellement endormi par le désespoir de son sort, ou peut devenir si déterminé à pallier, excuser ou justifier son crime qu'il perd tout sentiment de culpabilité, peut-être finalement se croire plutôt une victime qu'un criminel; connaissant la souffrance indescriptible de l'homme qui s'abandonne au remords, et sachant combien souvent « l'homme de la vie » devient en proie à la folie, par pure pitié pour le prisonnier, j'en suis venu à considérer la peine de mort comme un moyen miséricordieux d'échapper à un monde incomparable. pire sort.

Jusqu'à présent , mon point de vue n'a été adopté que par rapport au prisonnier à vie. Plus tard, lorsque j'ai étudié le sujet plus largement, en considérant l'effet de la peine de mort sur la communauté dans son ensemble et comme mesure de protection de la société, je n'ai pu échapper à la conviction que dans le monde civilisé d'aujourd'hui, le capitalisme la punition est indéfendable. Le christianisme, l'humanité, la sociologie, la science médicale, la psychologie et les statistiques se dressent fermement contre l'injustice et le manque de sagesse de la peine capitale. L'opinion publique, dernier rempart de la peine de mort, s'éclaire lentement mais sûrement, et la victoire finale de l'humanitaire est déjà assurée.

Aux États-Unis, la peine légale pour meurtre au deuxième degré est l'emprisonnement à vie ; vient ensuite le crime appelé homicide involontaire, lorsque l'acte est commis en état de légitime défense ou dans d'autres circonstances atténuantes ; la peine est une peine d'emprisonnement d'une durée variable mais limitée. En pratique, il n'y a pas de ligne de démarcation précise entre le meurtre au deuxième degré et l'homicide involontaire. Un avocat habile et expert, qu'il soit du côté de l'accusation ou de la défense , n'a aucune difficulté à faire passer sa cause au-delà de la frontière dans un sens ou dans l'autre. L'argent et la position sociale de l'accusé sont des facteurs importants pour équilibrer le délicat équilibre entre le meurtre au deuxième degré et l'homicide involontaire coupable.

Diverses voies mènent à la mort illégale ; La pression exercée sur l'homme avant que l'acte soit accompli est souvent terrible. La peur mortelle, la peur commune à l'humanité, a été la force qui a poussé la main de nombreux hommes à frapper, poignarder ou tirer avec un effet fatal ; tandis que la colère, juste ou injuste, l'impulsion momentanée d'intense excitation émotionnelle à laquelle nous sommes tous plus ou moins sujets, a rassemblé sa foule de victimes et causé la ruine tragique d'un nombre incalculable d'hommes qui rongent désormais la vie dans nos pénitenciers.

Et il est terriblement vrai que certains des hommes « à vie » sont parmi les meilleurs de nos prisons, ces hommes « à vie » qui sont tous appelés sans discernement des meurtriers. Nous ne pouvons douter que certains d'entre eux étaient des meurtriers dans l'âme et constituaient une menace pour la communauté ; sans doute aussi certains sont innocents de tout crime ; et il y en a d'autres pour qui il vaudrait mieux pour tous les intéressés qu'on leur rende la liberté aujourd'hui.

On semble supposer qu'un homme injustement emprisonné souffre plus que celui qui sait qu'il n'est responsable que de lui-même. Beaucoup dépend de la nature de l'homme. Étant donné deux hommes de nature morale également saine, alors que celui qui a la conscience tranquille peut souffrir intensément du sentiment d'indignation et d'injustice, de déchirement des cordes sensibles et de blessures dans les relations d'affaires, son agonie mentale peut difficilement égaler celle-là. de l'homme dont le cœur est rongé par le remords. La meilleure compagnie qu'un prisonnier puisse avoir est son propre respect de soi, le meilleur atout d'une vie de faillite. J'ai été étonné de voir à quel point cela compte dans la paix et l'espérance, et dans le grand pouvoir de la patience qui contribue à la santé et donne la force pour l'endurance.

J'ai été profondément impressionné par ce fait dans le cas d'un homme. Son nom était Gay Bowers, un nom curieusement incompatible avec son destin, et, bien qu'il fût un « homme de la vie », personne dans cette grande prison ne l'a jamais associé à un meurtre ; personne qui l'avait vraiment regardé en face n'aurait pu le considérer comme un criminel. C'était le seul visage que j'aie jamais vu, en dehors d'un livre, qui semblait châtié par le chagrin ; son doux sourire était comme le faible soleil d'un jour d'avril perçant les brumes ; et il y avait autour de cet homme une atmosphère de jeunesse et de printemps, bien qu'il ait près de quarante ans lorsque nous nous sommes rencontrés pour la première fois ; mais c'était la jeunesse arrêtée d'un homme à qui la vie semblait avoir pris fin alors qu'il n'avait que vingt-deux ans.

Gay était né et avait grandi à la campagne, aimait et épousait très tôt une fille de la campagne et était connu dans tout le quartier comme un jeune homme travailleur et stable. Il vivait dans un village près du fleuve Mississippi et, un été, il se rendit à Saint-Louis pour affaires et revint en bateau. Sur le bateau à vapeur, un étranger, un jeune homme à peu près de son âge, fit des avances à une connaissance et, entendant son nom, s'écria :

"Gay Bowers ! pourquoi je m'appelle Ray Bowers et je cherche du travail. Je suppose que j'irai dans votre ville et nous nous appellerons cousins ; peut-être que nous sommes liés."

L'étranger semblait très amical et resta avec Bowers lorsqu'ils atteignirent la ville natale ; là-bas, Ray a trouvé du travail et a semblé bien pendant un moment.

Et ici, je dois laisser Gay Bowers raconter le reste de l'histoire telle qu'il me l'a racontée, avec ses propres mots aussi fidèles que je puisse m'en souvenir. J'écoutais attentivement sa voix basse et tranquille, mais il me semblait lire l'histoire dans ses yeux en même temps, car l'élément absolument convaincant était la façon dont Bowers la revivait alors qu'il déroulait la scène avec un certain frisson. dans ses tons. J'avais l'impression d'être réellement témoin de l'événement, tant l'image dans son esprit était transférée dans le mien.

"Ma femme et moi venions d'emménager dans une nouvelle maison le jour même, nous et notre petite fille d'un an, et Ray nous avait aidés dans le déménagement et était resté souper avec nous. Après le dîner, Ray a dit qu'il devait y aller et a demandé que j'aille faire un bout de chemin avec lui car il avait quelque chose à me dire.

" Alors je l'ai suivi. Derrière la maison, la route traversait des bois profonds. Nous étions au milieu des bois lorsque Ray s'est arrêté et m'a dit ce qu'il voulait de moi. Il m'a dit qu'il avait été un voleur de chevaux dans le Missouri, que sa photo se trouvait dans la « galerie des coquins » à Saint-Louis sous son propre nom, Jones ; qu'il n'était pas sûr pour lui d'être dans le Missouri, où il était « recherché » et que il était monté sur le bateau sans aucun projet ; mais dès qu'il m'a vu, un travailleur et un homme de la campagne, il a pensé qu'il ferait aussi bien de s'attacher à moi et d'aller chez moi. Mais il a dit qu'il était fatigué de travailler ; et Le fermier Smith avait une belle paire de chevaux dont il pourrait se débarrasser si je les emmenais hors de la grange dans le comté voisin. Ray voulait que je le fasse à cause de ma bonne réputation. Tout le monde me connaissait et j'étais à l'abri de tout soupçon ; et il a dit que nous pourrions gagner beaucoup d'argent pour nous deux si je me lançais dans les affaires avec lui.

"Tout d'un coup, j'ai compris que depuis un certain temps, j'avais *l'impression* que Ray n'était pas tout à fait carré. Il y avait eu quelques petites choses - bien sûr, j'ai dit que je n'irais pas avec lui ; et je ne le fais pas. Je sais pourquoi j'ai dit d'autre, j'étais assez en colère de découvrir quel genre d'homme il était et comment il m'avait trompé. Peut-être que j'ai menacé de le dire à la police ; de toute façon, Ray a dit qu'il me tuerait avant que j'aie une chance de lui donner si je ne concluais pas un marché avec lui, car alors je n'oserais pas « pêcher ». J'ai quand même refusé.

"Et puis" - ici un regard de terreur absolue apparut dans les yeux de Bowers - "puis il m'a soudainement porté un coup terrible et j'ai su que j'étais en train de me battre pour ma vie. Il s'est battu comme l'homme désespéré qu'il était.

J'ai réussi à Je me suis penché, j'ai ramassé un bâton et j'ai frappé : je n'ai jamais pensé à tuer cet homme ; c'était juste un combat aveugle pour me défendre.

"Mais il lâcha prise et tomba. Comme il ne bougeait pas, je me penchais sur lui et cherchais son cœur. Je ne pouvais pas le trouver battre; mais je ne pouvais pas croire qu'il était mort. J'attendais un signe de vie mais il n'y en avait pas." ... J'étais horrifié et abasourdi, mais je savais que je ne pouvais pas le laisser sur le chemin où il était tombé, alors je l'ai traîné un peu dans les bois. Là, je l'ai laissé.

"Je me suis dépêché de rentrer chez moi pour raconter à ma femme ce qui s'était passé ; mais quand j'ai ouvert la porte, ma femme était assise à côté du berceau où se trouvait le bébé. Cynthy était fatiguée et somnolente avec sa journée de travail, et tout semblait si naturel et paisible que je l'ai simplement Je ne pouvais pas lui dire, et je ne pouvais pas penser, ni rien du tout. Alors je lui ai dit qu'elle ferait mieux d'aller se coucher pendant que je traversais la route pour parler à son père.

" Il n'était pas plus de neuf heures alors, et j'ai trouvé son père assis seul, fumant sa pipe. Il a commencé à parler de son travail agricole. Il n'a rien remarqué de bizarre chez moi et j'étais tellement hébété - comme ça tout a commencé à me paraître irréel. J'ai essayé une ou deux fois d'intervenir dans son discours et de lui dire, mais je ne pouvais pas mettre des mots sur cette horreur - *je ne pouvais pas* .

"Peut-être que cela n'aurait fait aucune différence si je le lui avais dit ; de toute façon, je ne l'ai pas fait. Quand le corps a été retrouvé le lendemain matin, bien sûr, ils sont venus directement chez nous avec l'histoire, car Ray avait dit aux gens qu'il était un J'ai raconté ce qui s'était passé, mais cela ne comptait pour rien : j'ai été jugé pour meurtre et je n'ai pas eu la possibilité de faire une déclaration. Parce que j'étais bien considéré par mes voisins, ils ne m'ont pas donné le corde, mais il m'a envoyé ici pour la vie."

Bowers avait passé seize ans en prison lorsque je l'ai rencontré pour la première fois. Il avait accepté son sort comme un malheur accablant, comme la cécité ou la paralysie, mais jamais il n'avait perdu un seul instant le respect de lui-même, et il s'accrochait à sa religion comme à une île de refuge dans son existence détruite.

"Entouré de l'armure d'une intention pure" que les dégradations de la vie de forçat ne pouvaient pénétrer, au fil des années, il avait acquis une véritable sérénité d'esprit, et cela a sans aucun doute contribué à sa santé apparemment intacte. Son travail n'était pas sous contrat mais dans un magasin où l'on fabriquait des fournitures de prison, des cannes pour les officiers, etc. Un jour, Bowers m'a envoyé une canne de belle facture, que je serai peut-être heureux d'utiliser si jamais je vis avec des rhumatismes.

Bowers, comme tous les hommes vivants, a très tôt élaboré ses plans pour obtenir une grâce et a demandé à un avocat de rédiger une pétition ; mais la difficulté dans cette affaire était qu'il n'y avait pas la moindre preuve contre le mort, à l'exception des propres paroles de Bowers. Mais l'esprit de Bowers était déterminé à établir la véracité de sa déclaration concernant le caractère de l'autre homme, et il ne voyait qu'un seul moyen d'y parvenir. Ray avait dit que son vrai nom était Jones et que sa photographie se trouvait dans la galerie des voleurs à Saint-Louis sous le nom de Jones. Maintenant, s'il existait une telle photographie à Saint-Louis, Bowers était déterminé à l'obtenir, et finalement, après dix ans, il obtint possession de la photographie, avec l'aide d'un avocat, et de nouveau il regarda le visage de Ray, nommé Jones, avec le record de « voleur de chevaux ». Le caractère avéré de Jones ne changeait rien au fait qu'il avait été tué par Bowers ; et dans cette partie du pays, cela n'a pas non plus servi de motif pour la libération de Bowers ; et les années se passèrent comme avant.

La femme de Bowers n'avait pas appris à écrire, mais le bébé, Carrie, est devenu une petite fille et est allé à l'école, et elle écrivait régulièrement à son père, qui était très fier de ses lettres. Lorsqu'elle était encore petite fille, elle fut emmenée dans la famille d'un voisin. Après un certain temps , la femme du voisin est décédée et Carrie n'étant pas à la hauteur des travaux de la maison, sa mère est venue l'aider – c'est ce que disaient les lettres de Carrie. Et Bowers, qui chérissait toujours les liens familiaux, était reconnaissant que sa femme et son enfant soient pris en charge. Chaque nuit, il priait pour eux et espérait toujours le jour où il pourrait les prendre dans ses bras.

Ses lettres à moi étaient peu nombreuses car il écrivait régulièrement à sa fille ; mais après dix-huit ans de prison, il m'a écrit la joyeuse nouvelle qu'il serait libéré dans quelques semaines, car son avocat s'était révélé un ami fidèle. La lettre était très heureuse, écrite en décembre et le directeur avait autorisé Bowers à bricoler quelques petits cadeaux à envoyer à sa femme et à sa fille. "Ils sont alignés devant moi pendant que j'écris, *et je pense qu'ils sont aussi beaux que des papillons* ", dit sa lettre.

À sa libération, Bowers, aujourd'hui âgé de plus de quarante ans, a dû recommencer sa vie. Il avait perdu sa place dans sa communauté, il n'avait pas d'argent, mais il avait de l'espoir et de l'ambition, et comme une bonne chance lui était offerte dans la ville pénitentiaire, il décida de la saisir et de se mettre immédiatement au travail. Il a écrit à sa fille qu'il ferait en sorte qu'elle et sa mère viennent chez lui et qu'ils fonderaient ensemble une nouvelle maison.

Il n'imaginait pas le choc qui l'attendait lorsque la réponse à cette lettre lui parvint, lui disant que sa femme était mariée depuis plusieurs années à l'homme qui avait donné un foyer à Carrie. L'homme et la femme avaient supposé que lorsque Bowers avait été envoyé en prison à vie, sa femme était divorcée et libre de se marier. Elle était désespérée quant à la libération de son mari, fatiguée et découragée par sa lutte contre la pauvreté. Sa brève vie conjugale n'était plus qu'un souvenir de sa jeunesse et elle était heureuse d'avoir la chance d'être prise en charge comme les autres femmes, mais un sentiment de tendresse et de pitié pour le prisonnier l'avait amenée à le protéger de la connaissance. de son inconstance.

Le deuxième mari a estimé qu'il fallait laisser à Bowers la décision quant à l'ajustement des relations enchevêtrées, et Bowers m'a écrit qu'il avait décidé que le deuxième mari avait le droit le plus fort, car il avait épousé la femme de bonne foi et l'avait fait. heureux; Il a cependant insisté sur une chose : si l'arrangement actuel devait perdurer, son ex-femme devait divorcer de lui et être légalement mariée à l'autre homme. Et cela a été fait.

Se trouver un autre Enoch Arden a été un coup dur pour Bowers, mais les années de travail et de pauvreté ont dû provoquer de tels changements chez la jeune épouse d'autrefois qu'elle a été perdue pour lui à jamais ; tandis que l'homme qui sortait de cette prison après dix-huit ans de patience et de développement spirituel qu'apporte parfois une longue connaissance du chagrin était un être différent du jeune garçon de fermier au cœur léger que la jeune fille avait épousé. Ils devaient inévitablement devenir étrangers l'un à l'autre.

Avec la fille, la situation était différente. Dès son enfance, elle avait fidèlement écrit à un père imaginaire dont elle ne se souvenait pas, mais avec qui un lien réel avait dû se nouer par leurs lettres ; et Carrie avait maintenant presque l'âge de la femme qu'il avait quittée. La fille devait venir à lui, et elle avait dû trouver chez le vrai père quelque chose d'encore plus beau que ce que son imagination aurait pu imaginer.

Gay Bowers était prisonnier depuis dix-huit ans, sans aucune pensée ni intention criminelle. Selon les tribunaux humains , il n'a pas été victime d'injustice et la « société » ne pouvait en aucun cas être tenue pour responsable. Il n'y avait aucune relation apparente entre son environnement ou son caractère et son expérience tragique. C'était comme un drame grec où le destin règne inexorablement, mais ce destin était supporté par l'esprit d'un saint chrétien. Je ne sais ce que lui réservèrent les années à venir, car, par négligence de ma part, notre correspondance n'a pas été entretenue.

CHAPITRE VIII

Dans un autre cas, avec des fils tout à fait différents, la main du destin semblait avoir tissé le destin de l'homme, mais j'ai mis du temps à comprendre que ce n'était pas seulement la tragédie de la prison qui se déroulait devant moi mais le drame plus large de la vie. lui-même.

D'une manière générale, parmi mes connaissances en prison, il y avait une certaine correspondance entre la personnalité de cet homme et son histoire. Le prisonnier qui m'a dit franchement : « Je trompe toujours un homme quand je le peux, parce que je sais qu'il me tromperait s'il en avait l'occasion : c'est un diamant taille diamant », cet homme ressemblait curieusement mais logiquement à un renard. Et chacun pouvait voir d'un seul coup d'œil que Gay Bowers était un homme en qui il n'y avait aucune tromperie.

Mais son apparence ne révélait aucun indice de la nature complexe d'Harry Hastings. Nous avions échangé plusieurs lettres avant de nous rencontrer. Il écrivait intelligemment, avec quelques fautes d'orthographe, et semblait être un homme de bonne éducation. Il a été condamné à la prison à vie pour avoir abattu dans la rue une femme de la rue ; l'homme a clamé son innocence, mais je n'ai jamais essayé d'élucider l'affaire, car le principal témoin à décharge avait quitté la ville où la fusillade s'est produite et il ne semblait y avoir aucun point de départ pour un appel en grâce. Ce que le garçon voulait de moi – il n'avait que vingt ans – c'était un canal par lequel il pourrait atteindre les choses supérieures de la vie. Une aspiration passionnée parcourait toutes ses lettres, une aspiration vers le vrai, le beau et le bien. Il citait Emerson et étudiait George Eliot – Romola, la femme, qu'il critiquait pour avoir été aveuglée par ses charmes superficiels et aveuglé les qualités morales de Tito. Il avait une façon de percer au cœur des choses et de trouver la beauté là où beaucoup d'autres l'auraient manquée. La musique qu'il aimait par-dessus tout ; et en musique, sa mémoire était hantée par « Le Coulin » – un cri sauvage et désespéré d'une Irlande opprimée, un air dans lequel, quelqu'un a dit : « L'Irlande a rassemblé ses siècles d'oppression et les a jetés au monde dans ces cœurs. briser les tensions. Il se trouve que je n'avais jamais entendu "The Coulin " que sous mes propres doigts, et cela m'a semblé un élément curieux de la constitution du garçon que cette musique tragique soit devenue une partie de son talent mental. Il ne l'avait entendu qu'une seule fois, joué par un musicien allemand. À moins d'avoir un aperçu du monde de la musique, la vie du garçon avait été telle qu'elle l'excluait de toutes les associations les plus raffinées de la vie.

Il m'avait écrit, dans sa seconde lettre, qu'il était « de couleur » ; et il avait donné cette information comme s'il avouait un crime plus grave encore qu'un meurtre. Il avait vraiment l'impression qu'il découvrait peut-être un gouffre infranchissable entre nous. Les préjugés raciaux sont contraires à mes principes, mais j'ai été surpris lorsque l'auteur de ces lettres intéressantes s'est matérialisé dans la personne du petit nègre le plus noir que j'aie jamais vu. "Noir comme l'as de pique", fut ma première pensée. Il n'avait pas de père à cette époque mais était dévoué à sa mère, qui était une femme de couleur analphabète . En grandissant, il avait participé à une course de chevaux et, animé par l'ambition de devenir jockey, avait traîné dans les écuries jusqu'à ce que ses aptitudes pour le métier attirent les cavaliers. Harry était agile, intrépide et léger, et quand enfin son ambition fut atteinte , il me dit que c'était le jour le plus fier de sa vie ; et il sentit qu'il avait atteint suffisamment de gloire pour satisfaire n'importe qui lorsque le cheval qu'il montait comme jockey remporta la course.

Les associations d'hippodromes formaient l'école de ces années plastiques ; et l'épine dans la chair était le surnom de « petit avorton » sous lequel il était connu parmi les hommes. La conscience de son corps rabougri et de sa peau noire semblait gravée dans son cœur même, une horreur vivante à laquelle il n'y avait pas d'échappatoire. C'est là, bien plus que son sort de prisonnier à vie, la tragédie de son existence. La liberté qu'il pouvait espérer ; mais seule la mort pouvait le libérer de son corps noir. Il ne méprisait pas la race noire ; il lui était plutôt fidèle ; c'était son destin individuel, le fait que sa vie était enfermée dans cette forme noire et rabougrie qui maintenait vivant le sentiment d'indignation. Il détestait être surnommé « le petit avorton ». Il détestait sa peau noire comme du charbon.

Sans aucun doute, lorsqu'il était libre de se mêler aux gens de couleur à l'extérieur, ses autres facultés entraient en jeu, car il avait un amour sombre pour le plaisir et le sens de l'humour ; mais la vie en prison l'avait coupé de tout cela, et, la surface de sa nature étant étouffée, quelles souches endormies de l'ascendance blanche n'auraient pas pu être éveillées à l'activité ? Sa peau était effectivement noire ; mais ses traits racontaient l'histoire du mélange avec une autre race. Je pouvais seulement sentir que c'était l'esprit de l'homme blanc qui souffrait tant dans le corps du noir, que dans ce prisonnier l'aristocrate était enchaîné à l'esclave. L'amour de la littérature, la soif des choses supérieures de la vie n'avaient aucun rapport avec « Little Runt », le jockey ignorant. L'homme mourait-il du mal du pays à cause du plan de vie perdu ?

Le théosophe nous dirait qu'Harry Hastings aurait pu être la réincarnation de quelque cruel marchand d'esclaves, impitoyable envers les souffrances qu'il infligeait à ses innocentes victimes ; et des possibilités de réveil de souvenirs latents hérités sont également suggérées. Quoi qu'il en soit, nous ne pouvons pas résoudre le problème de cette vie dans laquelle deux courants d'être étaient si clairement définis, où le sang bleu ne s'est jamais fondu dans le noir.

L'écriture de Harry était ferme, claire et uniforme. J'ai prêté à un ami les lettres les plus frappantes et les plus caractéristiques, et je ne peux en donner des citations directes, car elles ne m'ont pas été retournées ; mais écrire était sa ressource la plus précieuse, et il me raconte qu'en répondant à mes lettres il oubliait presque qu'il était prisonnier.

La terrible épreuve de la vie fut heureusement de courte durée pour Harry Hastings. La dernière fois que je l'ai vu, à l'hôpital de la prison, un morceau d'humanité perdu dérivant rapidement vers les rivages de l'inconnu, il affirmait encore dans son dernier souffle son innocence ; mais il se sentait complètement vaincu par le décret d'un sort défavorable. Au mystère de la mort restait l'éclaircissement du mystère de la vie.

C'est Hiram Johnson qui m'a appris à quel point la vie en prison aux États-Unis peut être une chose étouffante et horrible. L'un des gardes m'avait dit : « Hiram Johnson est un homme de vie qui est ici depuis des années. Personne ne vient jamais le voir et je pense qu'une visite lui ferait beaucoup de bien. L'homme qui se présenta en réponse à la convocation était un petit gaillard trapu d'au moins trente-cinq ans, aux yeux rougis et handicapés par la poussière de marbre provenant de l'atelier dans lequel il travaillait depuis des années. Il a souri quand je l'ai salué, mais n'avait absolument rien à dire. J'ai trouvé cette visite très laborieuse ; l'homme complètement insensible; répondant par le moins de mots à mes questions banales sur sa santé, le magasin dans lequel il travaillait et depuis combien de temps il y était. Six mois après, je l'ai revu avec exactement la même expérience. Il n'avait rien à dire et ne m'a rien suggéré. Je savais seulement qu'il espérait me voir à mon arrivée à la prison, et après avoir fait sa connaissance, je ne pourrais jamais décevoir un de ces êtres désolés dont le seul point de contact avec le monde était la demi-heure passée avec moi deux fois par an.

Après avoir vu cet homme une demi-douzaine de fois, à la fin d'un entretien, je lui dis, en m'excusant à moitié de mes vaines tentatives pour maintenir la conversation : « Je suis désolé de n'avoir pas été plus intéressant aujourd'hui. ; Je voulais vous donner quelque chose d'agréable à penser."

"Cela signifie beaucoup pour moi", a-t-il répondu. "Vous ne pouvez pas savoir ce que cela signifie pour un homme simplement de savoir que quelqu'un se souvient qu'il est vivant. Cela me donne quelque chose d'agréable à penser lorsque je retourne dans ma cellule."

Nous avions commencé à correspondre dès le début de notre connaissance, mais il y avait rarement une ligne dans ses lettres antérieures à laquelle je pouvais répondre ou commenter. Principalement constituées de citations de l'Ancien Testament, les imprécations scripturaires contre les ennemis semblaient être sa principale ressource mentale. L'homme se considérait comme « religieux » et avait très peu lu en dehors de sa Bible, qui lui était à peine plus intelligible que l'aurait été le grec original ; sauf lorsqu'il s'agissait de dénonciations.

Dans mes réponses à ces lettres , mon objectif était simplement de donner au prisonnier un aperçu de quelque chose d'extérieur, parfois des incidents de notre propre vie de famille, et toujours l'assurance que je le comptais parmi mes amis de prison, qu'« il y avait quelqu'un qui se souvenait qu'il était vivant." Il m'a fallu cinq ou six ans avant de réussir à extraire la nouvelle de sa vie, sachant seulement qu'il avait tué quelqu'un . La fibre morale d'un homme et la séquence d'événements qui ont abouti à la commission d'un crime m'ont toujours plus intéressé que l'acte criminel isolé. Un jour, dans un état d'esprit inhabituellement communicatif, Johnson m'a raconté qu'enfant, il avait perdu ses deux parents, qu'il avait grandi dans l'ouest du Missouri sans même apprendre à lire, servant comme garçon de corvée et ouvrier agricole jusqu'à l'âge de seize ans. il rejoignit les forces du Sud en 1863, dérivant dans la guérilla. Ce n'est pas par conviction, mais simplement par hasard, qu'il se bat pour le Sud plutôt que contre le Sud ; c'était simplement le meilleur travail qui s'offrait et tuer des hommes n'était qu'une affaire d'affaires. Ensuite, il réfléchit beaucoup à cette guérilla, car elle concernait son propre destin, et il me dit :

"J'étais payé pour tuer des hommes, pour tirer à vue sur des hommes qui ne m'avaient jamais fait de mal. Plus j'avais tué d'hommes, plus on m'appelait soldat. Quand la guerre était finie, j'ai tué un homme de plus. J'avais raison cette fois , " Pour une bonne raison. Cet homme était mon ennemi et avait menacé de me tuer, et c'est pourquoi je lui ai tiré dessus. Mais ensuite ils m'ont traité de meurtrier et m'ont enfermé pour le reste de ma vie. Je n'avais que dix-huit ans. "

Telle fut la brève histoire de la vie de Johnson ; tel l'enseignement de la guerre. En prison, on apprit à l'homme à lire ; à la chapelle, on lui enseignait que la prison n'était pas le pire sort pour le meurtrier ; qu'un Dieu vengeur avait préparé un emprisonnement sans fin dans le feu de l'enfer pour les pécheurs comme lui à moins qu'ils ne se repentent et n'apaisent la colère du souverain de l'univers. Ainsi, contre la logique de son propre esprit, alors que la religion justifiait apparemment la guerre, il essaya de faire la distinction entre la guerre et le meurtre et de se repentir d'avoir pris la seule vie qu'il se sentait réellement justifié de prendre ; il trouva un certain exutoire à son esprit guerrier ou à son désir humain élémentaire de se battre, en se rangeant du côté de Dieu et contre les ennemis du Tout-Puissant. Et sans doute trouvait-il une certaine sorte de consolation à dénoncer dans le langage scripturaire les ennemis du Seigneur.

Mais pendant tout ce temps, au plus profond de la nature de Johnson, quelque chose d'autre agissait ; un cœur vivant battait et l'esprit paresseux cherchait une issue. Un changement graduel s'opère dans ses lettres ; l'écriture devenait plus lisible, de temps à autre des lueurs de la vie ensevelie perçaient la surface, révélant une tendresse inattendue envers la nature, les oiseaux et les fleurs. Un véritable sentiment poétique s'est exprimé dans ses efforts pour répondre à mon amitié, comme lorsqu'il écrit :

"Comme je serais heureux si je plantais dans le cœur de mon amie une thotte qui lui ferait plaisir pendant de longues journées." Et en faisant référence à certains témoignages de mon souvenir de mes prisonniers, il a déclaré : « Nous aimons toujours ces petits oublis qui fleurissent dans le cœur de nos amis toute l' année . N'oubliez pas que nous pouvons aimer ce qui est beau."

S'attardant sur la solitude de la vie en prison et sur la valeur d'une lettre, même occasionnelle, il écrit : « Ce mot gentil réjouit mes heures de solitude avec les sentiments que quelqu'un pense à moi. *La nature humaine semble avoir été faite de cette façon* . qui allait bientôt craquer et mourir sans cette sympathie ."

Il y avait toujours la même incongruité entre l'orthographe et une certaine dignité de diction, que j'attribuais à sa familiarité avec les Psaumes. Son affinité avec les Psaumes les plus dénonciateurs est encore parfois évidente, comme lorsqu'il termine une lettre par ces phrases : « Un de plus de mes ennemis est mort. La main de Dieu est sur eux tous. Qu'il les rassemble tous dans ce pays où le le climat est chaud et le ver ne meurt pas ! »

Pour moi, ce n'était que l'écho de fragments d'enseignement de l'Ancien Testament. Enfin arriva une lettre dans laquelle le prisonnier exprimait son sort en phrases fermes et claires comme une sculpture. Voici la lettre exactement telle qu'elle a été écrite :

" MON CHER AMI :

"J'espère que cela vous portera bien. Cela fait un certain temps que je n'ai pas eu de vos nouvelles et je sens que je ne devrais pas vous empiéter trop souvent . Vous savez que, que j'écrive ou non, j'errai dans mes pensées vers vous et je vous en parlerai. Je pense que je t'entends dire un mot doux et encourageant pour m'encourager , et c'est aussi une chose si agréable. Mais tu sais que les rayures sont comme des bandes d'acier pour garder la bouche fermée, et l'œil peut ne pas dire ce que le cœur dirait. les liens qui maintiennent les lèvres fermées étaient brisés. Si l'on pouvait espérer et croire que ce que le cerf désirait était vrai, alors penser serait un plaisir au-delà de tout ce que le monde pourrait donner.

Mais pour être content ici, l'âme en nous doit mourir Nous devons devenir des images de pierre.

" Bien à vous ,
" HIRAM JOHNSON ."

Cet homme n'a pas parlé pour lui seul. "Pour être satisfait ici, l'âme en nous doit mourir." "Nous devons devenir des images de pierre." Du plus profond de sa propre expérience , il fut donné à ce forçat illettré de dire pour toujours le dernier mot sur le sort de « l'homme de la vie », jusqu'à nos jours.

Après cette explosion unique, si quelque chose d'aussi retenu peut être qualifié d'explosion, Hiram Johnson a retrouvé une grande partie de son ancienne immobilité. Comme tous les « hommes de la vie », il avait commencé sa peine en prison avec le sentiment qu'elle *devait* finir un jour. Le peu d'argent dont il disposait fut confié à un avocat qui rédigea une demande de réduction de peine, la requête fut envoyée au gouverneur et les papiers, dûment classés, restèrent longtemps intacts dans le bureau du gouverneur. Lorsque j'ai rencontré Johnson pour la première fois, il espérait toujours que « quelque chose serait fait » dans son cas, mais à mesure que les années passaient et que rien n'était fait, les flots d'espoir s'amenuisaient. D'autres hommes condamnés dans les années 60 bénéficièrent de grâces ou de commutations ou étaient morts, jusqu'à ce qu'enfin le « vieux Hiram Johnson » parvienne à la distinction d'être le seul homme dans cette prison à avoir purgé une peine de cinquante ans.

Or, une peine de cinquante ans ne signifie pas cinquante ans de prison. Selon les États, le « bon temps » accordé à un condamné diffère, ce bon temps signifiant que par un bon comportement, la durée de l'emprisonnement est réduite. Dans la prison dont j'écris ces lignes pouvaient être réduites de près de moitié : ainsi, en vingt-neuf ans de bonne conduite, Johnson avait purgé une peine légale de cinquante ans. Aucun autre détenu de cette prison n'avait vécu et gardé la raison depuis vingt-neuf ans. Johnson était devenu une figure familière à tout le monde dans et autour de l'endroit. D'autres condamnés allaient et venaient, mais lui restait ; avancer péniblement, ne se plaignant jamais, ne causant jamais de problèmes, accomplissant pleinement son devoir dans ses limites circonscrites. Dans l'ensemble, il avait un bon dossier et les autorités étaient amicales avec lui.

Jusqu'à présent, je n'avais jamais demandé la grâce de l'exécutif, sauf dans les cas où il était évident que la sentence avait été injuste ; et j'avais pris soin de maintenir mon propre bilan à cet égard, sachant que si j'avais la réputation d'être prêt à intercéder pour quiconque touchait mes sympathies, je baisserais ma position auprès des gouverneurs. Mais il me semblait que Johnson, après plus de la moitié de sa bonne conduite en prison, avait établi un droit à la grâce et gagné le droit de se voir accorder une autre chance de liberté.

J'ai trouvé le gouverneur dans un état d'esprit favorable, car lors d'une de ses dernières visites au pénitencier, on lui avait montré que Johnson était le seul homme à avoir jamais purgé une peine de cinquante ans. Après avoir examiné la demande de grâce alors enregistrée et s'être assuré que Johnson avait des parents à qui il pouvait s'adresser, le gouverneur a décidé d'accorder sa libération. Mais comme une grâce inattendue risquait de choquer trop le prisonnier, la peine fut commuée en une période qui le libérerait dans six semaines, et c'est à moi qu'il fut confié d'annoncer la nouvelle à Johnson et aux journaux donnant lui la liberté. Nous savions qu'il était nécessaire de laisser à Johnson le temps de permettre à son esprit de saisir le fait de sa libération prochaine et de faire des plans très précis pour qu'il soit accueilli aux portes de la prison par quelqu'un sur qui il pourrait compter, car l'homme de quarante-sept ans trouveraient un monde différent de celui qu'il avait quitté lorsqu'il avait dix-huit ans. Cela fait plaisir de tenir entre ses mains les papiers qui doivent ouvrir les portes de la liberté à un homme emprisonné à vie, et c'est le cœur joyeux que je pris le prochain train pour le pénitencier.

Mon entretien avec Johnson n'a été perturbé par aucune autre présence, et il m'a accueilli sans prémonition de la signification du rouleau de papier blanc que je tenais. Très tranquillement notre visite commença ; mais lorsque Johnson fut tout à fait à l'aise, je demandai : « Est-ce que quelque chose a été fait concernant votre cas depuis la dernière fois que je vous ai vu ? "Oh non, on ne fera jamais rien pour moi ! J'ai perdu tout espoir."

"J'ai eu une conversation à votre sujet avec le gouverneur hier, et il était prêt à vous aider. Il m'a donné ce papier que vous et moi examinerons ensemble." J'ai observé en vain toute expression d'intérêt sur son visage pendant que je disais cela.

Lentement, à voix haute, j'ai lu les mots officiels, les yeux de Johnson suivant pendant que je lisais ; mais il comprit difficilement le sens de ces mots. Quand j'eus lu la date de sa libération, nous fîmes tous deux une pause ; Alors que la lumière pénétrait dans son esprit, il dit :

« Alors en janvier, je serai libre » ; une autre pause, pendant qu'il essayait de comprendre ce que cela signifierait pour lui ; » et ensuite : « Je serai libre. Maintenant, je peux travailler et gagner de l'argent pour vous envoyer aider d'autres pauvres gens. C'était sa pensée principale pendant le reste de l'entretien.

Dans la soirée, l'aumônier catholique, le père Cyriac, de mémoire bien-aimée, est venu me voir pour me demander d'avoir un autre entretien avec Johnson, en disant : « Cet homme est tellement affligé parce que dans sa grande surprise, il a oublié de vous remercier aujourd'hui. "

"Il m'a remercié mieux qu'il ne le pensait", répondis-je.

Mais bien sûr , j'ai revu Johnson le lendemain ; et dans cette dernière entrevue, il fit un dernier effort désespéré pour me raconter quelle avait été sa vie en prison. "Derrière moi il y avait des murs de pierre, de chaque côté de moi il y avait des murs de pierre, rien devant moi que des murs de pierre. Et puis tu es venu et tu as apporté l'espoir dans ma vie, et maintenant tu as apporté la liberté, et je ne trouve pas de mots pour te *remercier* . " Et laissant tomber sa tête sur ses bras croisés, l'homme fondit en larmes, tout son corps secoué de sanglots. J'espère lui avoir fait comprendre qu'il n'y avait pas besoin de mots, que lorsque le profond appelle le profond, le cœur comprend en silence.

Hier encore, me tournant vers mon bureau à la recherche d'autre chose, je suis tombé par hasard sur une copie de la lettre que j'ai écrite au gouverneur après mon entretien avec Johnson, et comme elle est encore chaleureuse des sentiments de ce qui ne sera jamais. -expérience oubliée, je l'insère ici :

"Je ne peux pas terminer mon Thanksgiving Day avant de vous avoir remis le message de remerciement que m'a confié Hiram Johnson. Au début , il ne pouvait pas se rendre compte que les longues années de prison allaient effectivement prendre fin. C'était trop déroutant, comme une inondation de lumière se brisant sur celui qui était aveugle depuis longtemps. Et quand il a commencé à comprendre le sens de votre cadeau, la première chose qu'il m'a dit a été : "Maintenant, je peux travailler et gagner de l'argent pour t'envoyer chercher un autre pauvre garçon."

"Personne ne pensait à lui-même, seulement à la valeur de la liberté comme moyen de faire enfin quelque chose pour les autres. Comme *il* essayait de trouver des mots pour exprimer sa gratitude. Cela m'a fait mal au cœur pendant les longues, longues années de la répression qui avait rendu l'expression directe presque impossible, et dans cette gratitude, jusqu'ici trop profonde pour les mots, j'ai lu aussi la mesure de l'horreur de la vie en prison. Grâce au ciel et à un bon gouverneur, elle sera bientôt terminée ! Hiram Johnson a un cœur généreux et vrai, et il sera un homme bon. Et c'est beau de savoir que la vie spirituelle peut grandir et se déployer même dans les conditions les plus difficiles.

Ce que la vie signifiait pour Johnson par la suite, je ne le sais pas ; mais je sais qu'il a trouvé refuge et protection auprès de parents dans une ferme, et les lettres qu'il m'a écrites indiquaient qu'il prenait sa place parmi eux non pas tant comme un ancien détenu que comme un homme prêt à travailler pour gagner sa vie et ayant le droit de vivre. respecter. Étant amical, il trouva sans aucun doute des amis ; et bien qu'il eût près de cinquante ans, peut-être que l'esprit de jeunesse longtemps enfoui reprit vie à la lumière de la liberté. Quoi qu'il en soit, le ciel bleu était de nouveau au-dessus de lui et il inspira à nouveau le souffle béni de la liberté. Même s'il n'a jamais réalisé son rêve de m'aider à aider les autres, je n'ai jamais douté de la sincérité de son désir de le faire.

CHAPITRE IX

M. William Ordway Partridge, dans « Art for America », nous dit : « Apprenons à considérer chaque visage d'enfant qui se présente à nous comme un possible Shakespeare, un Michael Angelo ou un Beethoven. Le monde artistique se réjouit de la découverte de Grèce de quelques beaux fragments de sculpture cachés bien sous les *débris* des siècles ; ne nous réjouirons-nous pas plus richement lorsque nous serons capables de creuser sous la surface de l'enfant le plus commun qui nous vient de nos grandes villes, et de découvrir et de développer cette faculté en lui qui doit le rendre apte à vivre utilement avec ses semblables ? En recherchant ces qualités chez l'enfant, nous conserverons au mieux, comme cela se fait dans la nature physique, le type le plus élevé, jusqu'à ce que nous ayons élevé toute la vie humaine à un niveau supérieur. niveau."

J'espère qu'un jour M. Partridge rédigera un plaidoyer pour des cours d'art élémentaires dans nos prisons. Car dans chaque prison se trouvent des hommes et des garçons doués dont les talents particuliers pourraient être formés et développés de manière à changer le cours de leur vie. Quelles chances ont nos prisons, avec ces pupilles de l'État, de découvrir et de développer les pouvoirs individuels qui pourraient faire de leurs propriétaires des hommes se respectant et autonomes !

Nous le faisons dans nos institutions pour faibles d'esprit et avec des résultats intéressants, mais dans nos prisons le génie d'un Michel-Ange pourrait être étouffé, le don musical d'un Chopin voué au silence éternel.

La croyance de M. Partridge dans les possibilités latentes de nos enfants communs me touchait au cœur, car j'avais connu Anton Zabrinski ; et pourtant je ne peux jamais considérer Anton Zabrinski comme un enfant ordinaire.

L'histoire de sa vie est brève ; mais ses quelques années enfermèrent le cercle de l'enfance, de la jeunesse, de l'aspiration, de l'espoir, de l'horreur, de la tragédie, de la douleur et de la mort ; et toutes les belles possibilités de sa vie extérieure étaient gâchées.

La maison d'Anton se trouvait dans l'ouest de Chicago, dans cette région où les noms imprononçables successifs au-dessus des portes et sur les fenêtres garantissent que la Pologne n'est pas perdue mais dispersée.

Dans les pièces du troisième étage de la maison vivaient la famille Zabrinski , le père et la mère avec Anton et sa sœur de deux ans plus jeune. La mère était terriblement infirme suite à un accident survenu dans son enfance et était pratiquement prisonnière dans sa maison. Anton, son fils unique, était l'idole de son cœur.

Alors qu'il n'était qu'un enfant, Anton a commencé à travailler dans la couture. Il apprenait rapidement et, à seize ans, il était un ouvrier si habile qu'il gagnait douze dollars par semaine. Cette énergie et cette habileté, la précision de la perception et la sûreté du toucher, témoignaient d'une belle organisation. C'était une nature élastique et joyeuse, mais sa croissance était retardée, son physique tout entier était fragile ; sensible et timide, il reculait avec une timidité nerveuse au contact des garçons du quartier, plus forts, plus rudes et plus grossiers. Naturellement, cela ne servait qu'à faire d'Anton une cible plus tentante pour leurs plaisanteries.

Deux de ces garçons en particulier ont joué sur ses peurs jusqu'à ce qu'elles deviennent une véritable terreur dans son existence ; bien que les garçons n'aient sans doute jamais imaginé la torture qu'ils lui infligeaient, ni rêvé qu'il croyait réellement qu'ils avaient l'intention de le blesser. Il arriva un soir qu'Anton rentrait seul chez lui après une fête, lorsque ces deux garçons surgirent soudain de quelque cachette et s'emparèrent de lui, probablement dans l'intention seulement de l'effrayer. Ils l'ont effrayé, au-delà de toute limite et de toute raison. Dans ses efforts frénétiques pour s'éloigner d'eux, Anton ouvrit son canif et frappa aveuglément. Mais dans cet acte de légitime défense, il blessa mortellement l'un des garçons.

Anton Zabrinski n'est pas retourné chez sa mère cette nuit-là ; ce garçon doux et travailleur, faisant le travail et gagnant le salaire d'un homme, était devenu, aux yeux de la loi, un meurtrier. J'ai écrit « aux yeux de la loi » ; une déclaration plus précise serait « aux yeux du tribunal », car selon une interprétation équitable de la loi, il ne pouvait s'agir que d'un cas d'homicide involontaire ; mais--

J'ai demandé un jour à l'un des juges les plus éminents de Chicago pourquoi, dans des cas évidents d'homicide involontaire, des hommes étaient si souvent accusés de meurtre et jugés pour meurtre. Le juge a répondu : "Parce qu'il est d'usage, lorsqu'on porte un acte d'accusation, de tendre le plus grand filet possible pour attraper le criminel."

Anton Zabrinski avait frappé avec son couteau dans le simple instinct animal de légitime défense . La véritable force motrice du mal dans cette tragédie était l'amour du sport cruel qui animait les plus grands garçons – une passion qui conduisait à d'innombrables crimes. Si l'origine morale de nombre de nos crimes était mise à nu, nous verrions clairement que l'acte final de violence n'était qu'un résultat : le rebond d'une force maléfique mise en mouvement dans une direction opposée. Il arrive parfois que ce soit le tueur qui soit la victime du tué. Mais envers les morts, qui n'ont plus besoin de notre miséricorde, nous sommes toujours miséricordieux.

Si un avocat compétent avait défendu Anton, il n'aurait jamais été reconnu coupable de meurtre ; mais la famille était pauvre et, n'ayant aucune expérience des tribunaux, attendait par ignorance l'équité et la justice. On a conseillé à Anton de plaider coupable à l'accusation de meurtre et on lui a fait comprendre que s'il le faisait, la peine serait légère. S'en remettant à « la clémence du tribunal », le garçon plaida « coupable ». Il a été informé que « la clémence du tribunal » lui infligerait une peine d'emprisonnement à perpétuité. Il se trouvait par hasard dans la salle d'audience un autre juge dont le sens de la justice, comme celui de la miséricorde, était indigné par cette sévérité. Ému de compassion pour la victime sans défense, il protesta contre la peine imminente et incita le président du tribunal à la réduire à trente ans. 30 années! Toute une vie pour l'imagination d'un garçon de dix-sept ans. La mère infirme, le cœur déchiré, a été laissée dans la petite pièce du fond où elle vivait, tandis qu'Anton a été emmené au pénitencier de Joliet.

Ce grand bâtiment de pierre grise, avec sa large et hospitalière entrée traversant la maison du gardien, ne parut pas si effrayant lorsqu'il apparut pour la première fois ; mais lorsque les portes grillagées se refermèrent derrière lui avec un bruit métallique incessant, Anton comprit dans ce son le glas de la liberté et du bonheur. Et plus tard, quand, pour la première nuit, le garçon se retrouva seul dans une cellule silencieuse et « solitaire » [8] , vint alors le mal du pays angoissant d'un jeune cœur aimant, déchiré de tout lien naturel. En fait, à seulement deux heures de là se trouvait la maison, la petite pièce du fond transfigurée en paradis par l'amour et le cri ardent de son cœur ; mais les deux heures réelles étaient devenues trente ans de prison dans le futur. La vie en prison elle-même n'était qu'une terreur muette et informe dans son imagination. Et le mystère insignifiant, la cruauté et l'horreur de son sort ! Eh bien, sa vie entière ne durait que dix-sept années, dont la mémoire ne pouvait en rappeler que douze ; il savait que c'étaient des années d'innocence, puis des années de travail fidèle et d'objectifs honnêtes jusqu'à cette nuit d'horreur où, effrayé, il frappa sauvagement pour sauver sa vie. Et puis il était devenu cette chose horrible, un meurtrier, et pourtant sans la moindre pensée de meurtre dans son cœur. Si Dieu le savait ou s'en souciait, comment aurait-il pu laisser tout cela se produire ? Et maintenant, il doit se repentir, sinon il ne pourra jamais être pardonné. Et pourtant, comment pourrait-il se repentir, alors qu'il n'avait eu l'intention de ne rien faire de mal ? quand sa propre agonie frémissante déferlait dans son cœur, son esprit et son âme ; quand il était submergé par le caractère noir et irrévocable de tout cela et par le sentiment d'un avenir sombre et inexploré ? Une nuit comme celle-là, elle recèle les souffrances d'une vie ordinaire.

Nous qui avons atteint notre méridien savons que la vie est synonyme d'épreuves et de déceptions, mais pour la jeunesse, la bulle brille d'une couleur prismatique ; et pour Anton, tout avait été effacé dans le noir par un moment de peur mortelle.

Lorsque de jeunes détenus sont reçus au pénitencier de Joliet, il est d'usage que le directeur leur donne une chance de vie et de développement physique et mental. On leur confie généralement des travaux légers, soit comme coureurs dans les magasins, soit comme aides dans les cuisines ou les salles à manger, où ils ont de l'exercice, de l'air frais et une certaine variété d'emplois. Anton est arrivé à la prison lors d'un changement temporaire de gardiens, et cela s'est produit lorsqu'il a été retiré de la cellule "d'isolement" où il a passé la première nuit où il a été mis au travail dans la marbrerie, un endroit difficile pour un homme adulte. On lui donnait également un compagnon dans sa cellule lorsque les heures de travail étaient terminées.

Au fur et à mesure qu'il s'adaptait pleinement à la vie carcérale , il apprit une chose curieuse : à l'extérieur, le crime était l'exception, un criminel était considéré comme un individu à part de la communauté ; mais dans ce monde carcéral étrange et contre nature, c'était le crime qui formait la base commune de l'égalité, le lien de fraternité.

Et encore une fois, la tragédie de son propre destin, qui lui avait semblé remplir l'univers, perdit son horrible immensité dans son imagination lorsqu'il réalisa que tout homme portant ce costume de forçat portait dans son cœur la blessure ou la cicatrice de la tragédie. ou du tort infligé ou vécu. Il avait cru que rien ne pouvait être si terrible que d'être séparé de son foyer et de ses proches ; mais j'ai appris à me demander s'il n'était pas plus terrible de ne jamais avoir connu ses proches ni son foyer.

Lorsque son compagnon de cellule a estimé l'indemnité de « bon temps » sur une peine de trente ans, Anton a constaté que par bonne conduite il pourrait réduire cette peine à dix-sept ans. Cela signifiait vraiment quelque chose pour lequel vivre. Il pensait qu'il serait presque un vieil homme s'il vivait jusqu'à trente-trois ans – un peu comme le pauvre vieux Peter Zowar qui avait passé vingt-cinq ans en prison ; mais aucun prisonnier n'y avait jamais vécu trente ans ; et cette réduction à dix-sept ans signifiait pour Anton la différence entre la vie et la mort. Même la distance de dix-sept ans avec la maison a commencé à être comblée lorsque sa sœur Nina est venue le voir, lui apportant les oranges et les bananes indélébiles associées aux rues de Chicago, ou les gâteaux préparés par les mains de sa propre mère et cuits au four à la maison.
.

La vie en prison est également devenue plus supportable lorsqu'il a appris que les compétences individuelles dans chaque domaine de travail étaient reconnues et que la sincérité et la fidélité comptaient, même dans une communauté de criminels. Les éloges étaient rares, la communication verbale se limitait aux nécessités du travail ; mais d'une manière indéfinissable, le caractère était reconnu et une attitude amicale se faisait sentir et réchauffait le cœur ; et la nature si sensible à la dureté était prompte à percevoir et à répondre à la bonté.

Il est difficile d'être en prison quand on est un garçon, mais les détenus plus âgés considèrent ces garçons avec compassion, touchés par quelque chose en eux qui s'apparente à leur propre jeunesse perdue, ou peut-être à leurs propres enfants. Le petit Anton ne paraissait pas plus âgé et n'était pas plus grand qu'un garçon moyen de quatorze ans ; et pour les hommes plus âgés, il semblait un enfant.

La nature humaine est la nature humaine, et la jeunesse est la jeunesse malgré les verrous et les barreaux. Le printemps de la vie était réprimé chez Anton, mais il agissait silencieusement en lui, et silencieusement se déployait un pouvoir qui n'était pas donné à nous tous. Son travail dans la marbrerie s'apprenait facilement, car l'apprentissage du tailleur avait formé son œil et sa main, et une application constante était devenue habituelle. Ses capacités étant reconnues, des travaux d'ornementation sur marbre lui furent confiés. Au début , il suivit les modèles comme le faisaient les ouvriers ordinaires ; ces desseins lui en suggéraient d'autres ; puis il obtint la permission d'élaborer les belles lignes qui semblaient toujours attendre de se former sous sa main, et les motifs furent finalement complètement mis de côté. L'impulsion artistique en lui était en éveil et trouvait son expression, et au fil du temps , il fut franchement reconnu comme le meilleur ouvrier de l'atelier.

Il avait toujours le mal du pays, mais un nouvel intérêt s'était manifesté dans son existence, car, sans s'en rendre compte, l'esprit de beauté était devenu le compagnon de ses heures de travail. Il ne l'a pas reconnue. Il n'avait jamais entendu parler de pulsions artistiques. Mais il trouvait un solide plaisir humain et était fier de l'individualité et de l'excellence de son travail.

La première et la deuxième année de son emprisonnement s'écoulèrent : les jours se levaient, s'assombrissaient et disparaissaient, aussi semblables les uns aux autres que des perles sur un fil, chacun comptant dans le passé la nuit comme signifiant un jour d'emprisonnement en moins. Mais vers la fin de la deuxième année, les heures commencèrent à s'allonger interminablement et l'intérêt d'Anton pour son travail faiblit. Il devenait agité, la poussière de marbre irritait ses poumons et une toux, d'abord inaperçue, s'intensifiait jusqu'à l'irriter constamment. Puis son sommeil nocturne fut interrompu par des douleurs au côté, et finalement le médecin ordonna de le faire sortir de la marbrerie. C'était au mieux un corps fragile, et l'enfermement, le travail incessant, le manque total d'air et d'exercice avaient fait le pire ; et toute résistance à la puissance physique fut minée.

N'étant plus en mesure de travailler, Anton a été relégué dans la « salle des morts ». Sous la direction avisée des récents directeurs, la salle inoccupée est heureusement devenue une chose du passé, mais elle a été pendant des années une caractéristique de l'établissement, en partie à cause des capacités hospitalières limitées. En général, les prisonniers considéraient cette pièce oisive, qu'ils appelaient la « pièce morne », comme une station intermédiaire entre les magasins et la tombe. Le plus triste et le plus mélancolique était cet endroit où des hommes trop malades pour travailler, des hommes épuisés de corps et brisés d'esprit, attendaient ensemble jour après jour jusqu'à ce que leurs maladies se développent suffisamment pour qu'ils soient considérés comme des sujets aptes à être soignés à l'hôpital. En général, aucune lecture n'était autorisée et les relations sociales libres étaient bien entendu interdites, même si les détenus s'offraient parfois le luxe de comparer les maladies. Sous la pression de cette monotonie assourdissante, le courage a failli, et pour beaucoup d'hommes indifférents à leur propre sort, la vue du désespoir des autres était déchirant. L'influence de la salle de repos n'était pas tout à fait aussi déprimante lorsqu'Anton entrait dans son cercle, car une industrie légère venait de s'y implanter et certains des détenus y étaient employés.

Et à cette époque, Anton commençait à vivre dans un rêve éveillé. Son compagnon de cellule, un jeune homme purgeant une peine de vingt ans, attendait avec confiance sa grâce ; les pardons devinrent le thème constant des discussions entre les deux à la fin de la journée, et la foi d'Anton dans sa propre libération possible s'enflamma et rayonna avec les perspectives radieuses de son ami. L'espoir, cette étrange caractéristique de la tuberculose, flambait de plus en plus à mesure que la maladie progressait ; avec cette rougeur trépidante, une lumière plus brillante entra dans ses yeux et un pouvoir plus fort de regarder au-delà de la prison vers la chère liberté et la maison. Même l'ombre de la pièce inoccupée ne pouvait pas éteindre la lumière de son imagination. N'étant plus capable de graver ses fantaisies sur la pierre, il les a tissées en de magnifiques motifs pour une vie en liberté. L'espoir d'une grâce est dans l'air dans chaque prison. Anton a écrit à sa famille et en a parlé avec sa sœur, et même s'il n'a pas commencé chaque jour de manière définitive, sa foi s'est renforcée.

C'est à cette époque que j'ai rencontré Anton. J'étais en visite au pénitencier, et lors d'une conversation avec un jeune bagnard anglais, semi-protégé de l'actrice Mary Anderson, ce jeune homme m'a dit : "J'aimerais que tu connaisses mon compagnon de cellule." J'ai répondu que je connaissais déjà trop d'hommes dans cette prison. "Mais si seulement tu voyais le petit Anton, je sais que *tu serais écrasé en une minute* ", affirma l'Anglais avec assurance. Quant à cette probabilité, j'étais sceptique , mais j'ai été impressionné par le sérieux du jeune homme alors qu'il esquissait les grandes lignes de l'histoire d'Anton et me pressait de le voir. Je me souviens qu'il avait insisté sur ceci : "Le garçon est si heureux en pensant qu'il obtiendra une grâce un jour, mais il mourra ici si quelqu'un ne l'aide pas bientôt." Pour faire plaisir à l' Anglais, j'ai consenti à voir l'heureux garçon qui risquait de mourir.

Un visage attirant ou intéressant est rare parmi les détenus de nos prisons. Le costume rayé du forçat, que notre soi-disant civilisation chrétienne a si longtemps infligé à ses semblables, donnait en lui-même un air de dégradation, [9] et la répression de toute animation tend à produire une expression de morosité presque uniforme . Malgré l'enthousiasme de son compagnon de cellule, j'ai été très surpris, et quelque chose de plus profond que la surprise, lorsque j'ai vu Anton Zabrinski . La beauté de ce jeune prisonnier polonais brillait comme une étoile au-dessus du costume dégradant du condamné. C'était le visage d'un Raphaël, avec le large front et les grands yeux lumineux et éloignés du bleu le plus foncé, suggérant au fond toutes les belles possibilités refoulées, des yeux rayonnants d'espoir et d'innocence et de confiance enfantines. Mon cœur vibra instantanément de sympathie et nous étions amis dès la première poignée de main. Le tempérament artistique était aussi évident dans les mains fines et très développées que dans son visage.

D'un coup d'œil, je vis que son sort était scellé ; mais son esprit d'espoir était irrésistible et m'a porté dans son propre courant pendant une heure. Anton était comme un enfant heureux, ouvrant franchement et joyeusement son cœur à un ami qu'il semblait avoir toujours connu. Cette heure lumineuse n'était assombrie par aucun sombre pressentiment concernant la maladie ou un gouverneur obstiné. Nous avons parlé de pardon, de liberté, de foyer et de bonheur. Je ne lui ai pas parlé de repentir ou de préparation à la mort. Je sentais que lorsque l'appel était adressé à cet esprit naïf, il ne pouvait s'agir que d'un appel à une vie plus épanouie.

Au cours de notre entretien, le fils du nouveau directeur est entré et j'ai attiré son attention sur Anton. C'était charmant de voir la manière cordiale et amicale avec laquelle ce jeune homme [10] parlait au prisonnier, lui demandant où on pouvait le trouver et promettant de faire ce qu'il pourrait pour lui, tandis qu'Anton sentait qu'il touchait enfin la main. de la Providence. Les nouvelles autorités n'étaient pas là depuis assez longtemps pour connaître individuellement bon nombre des condamnés, mais ce jour-là, au dîner, le fils du directeur intéressa son père à Anton en racontant leur conversation du matin. La sympathie toujours prête du directeur fut touchée. "Sortez le garçon de cette pièce inutilisée", dit-il, "emmenez-le dans la cour avec vous pour voir les chiens et les chevaux." Ce n'était peut-être pas de la discipline, mais c'était délicieusement humain — et humanisant.

Quand j'ai quitté la prison, j'ai été assuré que je pouvais compter sur l'influence du directeur pour réaliser mon objectif : réaliser le rêve d'Anton, sa foi et son espoir de pardon. Le dimanche suivant, à Chicago, j'ai retrouvé la famille Zabrinski , le père, la mère et la jeune sœur, dans leurs arrière-boutiques du troisième étage. Au mur était accrochée une photo encadrée d'Anton enfant. La mère ne parlait pas un anglais très clair, mais elle réussissait à répéter encore et encore : "Anton était si bon ; il a toujours été un si bon garçon." La jeune sœur, couturière, très soignée dans sa robe bleu foncé du dimanche, discutait intelligemment des voies et moyens d'obtenir la libération de son frère.

Nos plans se sont bien déroulés et quelques semaines plus tard, lorsque tout Chicago a été consacré à l'Exposition universelle, le désir du cœur d'Anton s'est réalisé et il a retrouvé son foyer et sa liberté. Ou, comme l'auraient dit les journaux : « Notre gouverneur anarchiste a lâché un autre meurtrier pour s'en prendre à la société. » Pauvre petit meurtrier ! Dans toute cette grande ville, il n'y avait pas d'enfant plus impuissant ou plus inoffensif que lui.

L'image du petit Anton Zabrinski , ainsi que celle de la prison elle-même, s'est évanouie dans mon cœur pour le moment, sous le charme des longues journées d'été enchanteresses et des soirées magiques de la Ville Blanche.

L'intérêt et la beauté de cette fusion de tous les temps et de tous les pays étaient si absorbants et irrésistibles que j'y suis resté encore et encore jusqu'à ce jour de juillet où je me suis préparé à l'épreuve du départ le lendemain matin. Mais le courrier du soir m'apportait des lettres de chez moi, et parmi elles une envoyée d'Anton, me suppliant de venir le voir. Je n'avais pas espéré qu'Anton se souviendrait de moi autrement que comme d'un jalon sur son chemin vers la liberté - j'aurais pu compter là-dessus, cependant, après mes nombreuses expériences de gratitude des prisonniers - mais son désir de me voir était indubitable ; et comme j'avais tant de fois rompu ma parole de rentrer chez moi que ma réputation de manque de fiabilité dans cette direction ne pouvait être abaissée, j'envoyai un dernier télégramme de retard. — Oh, luxe de n'avoir aucun caractère à perdre !

Le lendemain matin , je partis tôt pour la maison des Zabrinski . Dans une petite cour arrière – une simple parcelle de terrain nu sans la possibilité d'un brin d'herbe, sans même la possibilité de regarder le ciel à moins de s'allonger sur le dos, avec un environnement uniforme de portes arrière et d'escaliers arrière – quel contraste ! à ce rêve de beauté à Jackson Park ! — c'est ici que j'ai trouvé Anton, nonchalamment assis sur un banc avec un petit chien pour compagnon. Tout espoir et toute animation semblaient s'être éteints en lui ; même les lumières de ses yeux d'un bleu profond avaient cédé la place à des ombres ; la force et le courage avaient diminué, et il avait finalement cédé à la lassitude et à la dépression. Il avait certes quitté la prison, mais seulement pour affronter la mort ; il était revenu chez lui, pour en être emporté pour toujours. Même les soins affectueux de sa mère n'ont pas pu arrêter cette toux déchirante ni le libérer de la douleur. Et comme la liberté tant désirée s'est avérée limitée ! Elle n'était parvenue de chez lui qu'au dispensaire de l'hôpital. La faiblesse et la pauvreté formaient des barrières infranchissables qu'il ne pouvait franchir.

En réalisant tout cela, j'ai décidé de lui donner la plus belle vision du monde à laquelle penser et rêver. "Anton," dis-je, "ça te plairait de prendre un bateau à vapeur et d'aller avec moi sur le lac pour voir l'Exposition universelle depuis l'eau ?" - il n'était pas envisageable qu'il tente d'aller sur le terrain.

Pendant un instant, il recula devant l'effort qu'il faisait pour atteindre le bateau à vapeur, mais après y avoir réfléchi un moment en silence, il annonça : « Quand je décide de faire une chose, je le fais ; j'irai avec toi. " Ensuite, nous avons dévoilé notre plan d'aventure à la mère. Elle le trouva plutôt fou, mais notre éloquence persuasive l'emporta et elle consentit, insistant seulement pour que nous prenions des rafraîchissements avant de commencer notre expédition. Avec la connivence d'un voisin de l'étage suivant, Mme Zabrinski s'est procurée une délicieuse tarte aux pommes vertes dans une boulangerie voisine et l'a servie pour notre plus grand plaisir.

Je trouve que déjà les lignes nobles, avec leurs belles lumières et ombres, dans la Cour d'Honneur de la Ville Blanche se fondent dans un souvenir indistinct ; mais l'image d'Anton Zabrinski alors qu'il s'appuyait sur son fauteuil sur le bateau à vapeur, respirant l'air délicieux, pur et frais, balayant de son regard la plaine infinie de bleu ondulé, restera avec moi pour toujours. La liberté était enfin là ! Et avec quelle avidité l'être en voie de disparition du garçon l'a bu !

Il y avait tout ce qui se passait autour de nous pour nous divertir et nous amuser : des foules de gens, bien sûr, et une bande de musiciens bruyants ; mais tout cela ne fit aucune impression sur Anton. Nous étions tous les deux pratiquement seuls avec le ciel infini et l'eau qui s'étendait au loin. Il fut alors facile pour Anton de me faire part de ses pensées les plus profondes et de parler du changement dont il savait qu'il allait bientôt arriver. La vie avait été si dure, seulement des efforts infructueux et une bataille perdue d'avance, et maintenant il n'aspirait qu'au repos. Il avait ressenti le désir d'exprimer une belle forme, il avait senti l'éveil d'une puissance créatrice sous-développée. Nous avons parlé de l'avenir non pas comme de la mort mais comme de l'avènement d'une nouvelle vie et comme de l'opportunité du juste développement de toutes les possibilités supérieures de sa nature – comme d'une libération de toutes entraves. Sa foi, simple mais sérieuse, reposait sur la conscience d'avoir, au plus profond de son âme, aimé et recherché le bien. Sa vie extérieure était désespérément détruite ; mais il s'en éloignait, et c'était son âme, sa véritable vie intérieure, qui apparaîtrait devant Dieu. Tout cela était un mystère et il était impuissant, mais il n'avait pas peur. *Il avait pardonné la vie.*

Pendant que nous parlions ensemble, le bateau à vapeur s'approchait de l'embarcadère de Jackson Park. "Et maintenant, Anton, tu dois aller de l'autre côté du bateau et voir la magnifique Ville Blanche", dis-je. C'était comme de l'albâtre dans sa beauté claire ce matin radieux, et tout vivant des couleurs chantantes d'innombrables drapeaux. C'était la journée suédoise, et un cortège des plus somptueux en costume national se pressait sur le quai à l'approche de notre bateau à vapeur, car nous avions à son bord une délégation importante. Une douzaine de groupes jouaient et le grand fracas du son et la brillante masse de couleurs m'excitaient jusqu'au bout des doigts. Mais Anton ne le regarda qu'un instant avec des yeux aveugles : c'était trop limité ; c'était l'agitation, le bruit et la foule de la ville. Il se tourna de nouveau avec impatience vers le grand champ de ciel et d'eau ; « Vous ne savez pas ce que représentent pour moi ce lac et cet air frais », dit-il doucement, et il ne regarda plus vers la terre jusqu'à ce que nous soyons revenus dans Van Buren Street.

Après avoir quitté le bateau à vapeur, Anton a dissipé le charme de l'eau. Il a insisté pour que j'emporte avec lui un verre de soda provenant d'une des fontaines du quai ; c'était à son tour d'être un artiste maintenant. J'ai bu le soda et je vis pour raconter l'histoire. À ce moment- là, nous avions saisi l'esprit bohème de l'Exposition universelle, Anton était ravivé et excité par l'heure passée sur l'eau, et alors que nous traversions vers Michigan Avenue, la vie brillante de la rue l'attirait et le charmait, et je lui proposai de marcher lentement. jusqu'à l'Hôtel Auditorium. Chaque pas du chemin était un délice pour Anton, et lorsque nous arrivâmes au grand hôtel, j'attendais dans la salle de réception des dames pendant qu'Anton se promenait dans les entrées et dans le bureau, regardant les tons richement mélangés des marbres et la décoration en blanc. et de l'or. Je savais que ce serait pour lui un souvenir frais et agréable de plus à rapporter dans les petites pièces où se déroulerait le bref reste de sa vie.

Dans un stand de fleurs voisin, nous avons trouvé des pois de senteur pour sa mère. Je l'ai vu sain et sauf à bord de la voiture qui l'emmènerait chez lui ; puis, d'un geste d'adieu et d'un sourire d'adieu brillant et heureux, le petit Anton Zabrinski a disparu de ma vue.

Par la bonté d'un ami, j'ai eu le très grand bonheur d'envoyer à Anton un laissez-passer « pour porteur et un », qui lui donnait, avec escorte, la liberté des paquebots de l'Exposition universelle pour l'été — le plus grand bienfait possible pour le mon garçon, car même lorsqu'il était trop faible pour aller sur le bateau à vapeur, il pouvait encore chérir l'attente de ce délice.

La force d'Anton s'effondra rapidement. Il m'a écrit une lettre disant : « Je peux mourir heureux maintenant que je suis avec ma mère. Je vous remercie mille fois encore pour vos bons sentiments envers moi et les mots aimables dans vos lettres, et la charmante rose que vous avez envoyée. Je ne peux pas écrire une longue lettre à cause de mes douleurs dans toute la poitrine. Je ne peux pas me tourner pendant la nuit d'un côté à l'autre. Cher ami, je n'aime pas raconter ma misère et mes chagrins aux personnes, mais je peux ça ne sert à rien de te le dire.

Une autre lettre suivit bientôt, mais pas d'Anton. C'est la sœur qui a écrit :

> " CHER AMI :
>
> "C'est avec une profonde tristesse que je vous informe du décès de mon cher frère. Il est décédé à quatre heures du matin. Il avait un grand désir de vous voir avant de mourir. Nous serions heureux de vous voir aux funérailles si cela convenait mercredi matin. .
>
> > "Pardonnez cette pauvre lettre
> > "de la part de ton ami aimant
> > " MLLE NINA ZABRINSKI ."

NOTES DE BAS DE PAGE :

[8] Ces cellules « solitaires » dans lesquelles un prisonnier passait sa première nuit se trouvaient dans un bâtiment indépendant dans lequel se trouvaient les cellules disciplinaires. La solitude était absolue et terrible.

[9] Le costume rayé du condamné fut pratiquement aboli à Joliet l'année suivante.

[10] Ce jeune homme, Edmund M. Allen, est maintenant directeur de cette même prison, et a développé les méthodes humanisantes de son père au point de placer le pénitencier de Joliet au premier rang de la réforme pénitentiaire progressiste.

CHAPITRE X

, lors d'une belle soirée, un joyeux mariage eut lieu chez une jeune Irlandaise dans une ville occidentale. Tom Evans, le marié, un garçon jovial et au grand cœur, était profondément amoureux de la fille de son choix. Il gagnait un bon salaire et comptait bien prendre soin de sa femme.

Il était minuit et les rues étaient inondées d'un brillant clair de lune lorsqu'Evans commença à emmener sa fiancée de chez elle au sien, accompagné en chemin de Jim Maguire, Larry Flannigan et Ned Foster, trois des invités au mariage. Ils n'étaient pas des gens de calèche et se dirigeaient vers le tramway lorsque Jim Maguire, qui n'avait pas été opposé aux liquides exaltants circulant dans une circulation hospitalière lors du festin de mariage, est devenu excessivement hilarant et s'est amusé en chantant et en dansant le long du trottoir - une diversion. à laquelle les autres ne prirent aucune part. Cette hilarité a été sommairement interrompue par un policier, qui a tenté d'arrêter le jeune homme pour conduite désordonnée, une procédure à laquelle Maguire a vigoureusement résisté.

Ce fut le début d'une bagarre au cours de laquelle le policier fut tué et toute la troupe fut arrêtée et placée en garde à vue. Comme le policier était bien connu, l'un des hommes les plus populaires de la police, l'indignation du public était naturellement vive et le sentiment contre ses assassins était amer et violent.

Tom Evans et Jim Maguire ont été arrêtés pour meurtre, tandis que Larry Flannigan, un garçon de dix-sept ans, et Ned Foster, en tant que participants à l'affaire, ont été accusés d'homicide involontaire. Les hommes ont eu des procès équitables – des procès séparés, je crois – devant des tribunaux différents, mais il était impossible de connaître les faits de l'affaire, car il n'y avait pas de témoins réels en dehors de ceux directement concernés par le résultat ; tandis que chaque avocat de la défense faisait de son mieux pour dégager son propre client de toute responsabilité directe dans la mort du policier, indépendamment des mérites des autres accusés.

C'est ainsi que Jim Maguire et Tom Evans furent « envoyés » à vie, tandis que l'épouse d'une heure retournait dans la maison de son père et, au fil du temps, devenait l'épouse d'un autre. Larry Flannigan a été condamné à quatorze ans d'emprisonnement. Ned Foster, ayant purgé une peine plus courte, a été libéré avant que je fasse connaissance avec les autres.

Environ cinq ans plus tard, l'un des agents pénitentiaires intéressés par Jim Maguire m'a demandé d'interroger l'homme. Maguire était un gaillard grand et musclé, rétif lorsqu'il était enfermé comme un chien en laisse ; nerveux aussi, et doté d'une vitalité débordante, prêt à tout moment à se mettre à nouveau en chant et en danse si seulement l'occasion lui était donnée. Cet excès même d'esprits animaux élevés, excités par les festivités du mariage, fut le point de départ de toute la tragédie. Sans aucun doute aussi, dans sa composition, il y avait des éléments correspondants d'insouciance et de défi.

Notre premier entretien fut le début d'une connaissance aboutie à un échange de lettres ; mais ce n'est qu'un an plus tard que, au cours d'une longue conversation, Maguire me raconta son rôle dans la rencontre de minuit dans la rue. Admettant une conduite désordonnée et une résistance contre l'officier, il a affirmé qu'il s'agissait uniquement de résistance et non d'une contre-attaque ; déclarant que la lutte entre les deux s'est poursuivie jusqu'à ce que l'officier ait pris le dessus, puis a continué à le battre si vigoureusement que Maguire a appelé à l'aide et a été sauvé des mains de l'officier par « l'un des autres garçons ». Il n'a pas précisé lequel ni n'a impliqué personne .

"Demandez aux autres garçons", dit-il. "Larry n'a rien à voir avec le meurtre, mais il a tout vu. Demandez à Larry de raconter l'histoire ", a-t-il insisté.

Et c'est ainsi que j'ai été présenté à Larry. Il était d'un tout autre type que Maguire. Je savais à peine s'il portait les galons de forçat ou le drap quand je regardais ce visage si ensoleillé, si bon, si franc. Après toutes ces années, je ne peux jamais penser à Larry sans une lueur dans mon cœur. Lui seul, de tous mes prisonniers, semblait n'avoir aucune conscience d'avilissement, d'être un forçat ; mais m'a rencontré simplement et naturellement comme si nous avions été présentés lors d'un pique-nique.

Je lui ai parlé de mon entretien avec Jim Maguire et son commentaire immédiat a été : « Jim ne devrait pas être ici ; il a résisté à son arrestation mais il n'a pas tué le policier ; il est ici pour la vie et c'est mal, c'est terrible. J'espère que vous le ferez. quelque chose pour Jim."

"Mais qu'en est-il de vous ?" J'ai demandé; "Vous semblez avoir été complètement en dehors de cette affaire. Je pense que je ferais mieux de faire quelque chose pour vous."

"Oh non!" Il a protesté, "vous pouvez faire sortir un homme plus facilement que deux. Je veux voir Jim sortir, et je ne veux pas me mettre en travers de son chemin. Vous savez que je suis innocent, et tous mes amis me croient innocent, et je" Je suis jeune et en bonne santé et je peux supporter ma peine ; ce sera moins de dix ans avec de bons congés. Mon dossier est parfait et je m'en sortirai bien. Mais Jim est là pour la vie.

J'avais l'impression de rêver. Je savais que ce serait simple d'obtenir la libération de Larry, qui était là depuis six ans déjà, mais non, le garçon n'envisagerait pas cela, n'en discuterait même pas. Ses pensées étaient entièrement tournées vers Jim et il n'était pas conscient de son abnégation. Il a simplement mis de côté ce qui lui semblait le moindre bien pour s'assurer le plus grand.

"Avez-vous déjà fait une déclaration complète au tribunal ?" J'ai demandé.

"Non. Nous n'étions autorisés à répondre qu'à des questions directes lors des examens. Aucun d'entre nous n'a eu la chance de raconter une histoire honnête."

" Donc l'histoire claire n'a jamais été révélée lors d'aucun des procès ? "

"Non."

Pensant qu'il était grand temps que les faits d'une affaire dans laquelle deux hommes souffraient de l'emprisonnement à vie soient vérifiés et consignés quelque part, il me restait alors à interroger Evans et à voir dans quelle mesure les déclarations des trois hommes concordaient. chacun m'a été remis en privé six ans après la survenance de l'événement.

Tom Evans — je le vois maintenant clairement comme si c'était hier — une silhouette trapue et robuste avec un visage intelligent, de bonnes lignes et un caractère fort ; un homme de force qui, depuis ses débuts comme freineur , aurait pu gravir les échelons jusqu'à devenir surveillant d'un chemin de fer, si le plan de son destin avait été différent.

Je lui ai dit franchement que j'avais demandé à le voir dans l'intérêt des deux autres, et que ce que je voulais avant tout, c'était avoir les faits, car la tragédie restait pour moi un « cas ».

"Et tu veux que je raconte l'histoire ?" J'ai ressenti dès le début la vibration d'une émotion contenue chez l'homme alors qu'il imaginait le drame se déroulant au clair de lune de minuit.

"Je venais de me marier et nous allions rentrer chez moi. Les rues étaient claires comme le jour. Jim chantait et dansait quand le policier l'a arrêté. J'ai vu qu'il y aurait une bagarre et j'ai décidé de continuer. Je m'en suis sorti ; car lorsque je me suis laissé aller, cela m'a échappé. Alors je suis resté en retrait avec ma fille. Jim a appelé à l'aide mais j'ai reculé jusqu'à ce que je croie vraiment que Jim pourrait être tué. Je ne pouvais pas rester les bras croisés et voir un ami battu à mort, ou prendre le moindre risque. Alors je me suis lancé dans la bagarre. J'ai saisi le gourdin du policier et j'ai commencé à battre le policier. Je suis un homme fort et je peux porter un coup puissant.

Ici, Evans fit une pause, et il y eut un silence entre nous jusqu'à ce qu'il dise avec un changement de ton et d'expression :

"C'est Larry qui est venu en aide au policier et m'a pris le club. C'est Larry qui devrait sortir. Jim a causé des ennuis et j'ai tué le policier, mais Larry est totalement innocent. C'est lui que je veux pour voir."

Enfin nous arrivâmes jusqu'au substrat rocheux ; il n'y avait plus aucun doute sur les faits que la machine maladroite des tribunaux n'avait pas réussi à atteindre.

J'ai assuré à Evans que je ferais volontiers ce que je pourrais pour Larry, et là, Evans et moi avons uni nos mains pour aider « les autres garçons ». J'ai réalisé un peu le sacrifice que cela impliquait lorsque j'ai demandé à Evans s'il était prêt à faire une déclaration sous serment en présence du gardien des faits qu'il m'avait donnés. Quelle pierre de touche de la nature de l'homme ! Mais il suivait l'exemple de la vérité et de la justice et il n'y avait aucun retour en arrière.

Nous avons tous senti qu'il s'agissait d'une transaction sérieuse dans le bureau du directeur le lendemain quand Evans est entré et, après une petite conversation tranquille avec le directeur, a fait et signé une déclaration selon laquelle lui, et lui seul, avait porté les coups qui ont tué Le policier et, la main sur la Bible, prêtèrent serment sur la véracité de la déclaration, qui fut ensuite signée, comme témoins, par le gardien et un notaire.

Alors qu'Evans quittait le bureau, le directeur m'a dit : « Il faudrait également faire quelque chose pour cet homme lorsque les autres garçons seront absents.

Je savais qu'en obtenant ces aveux, je m'étais engagé à prendre toutes les mesures nécessaires avant que les portes de la prison puissent être ouvertes à Maguire et Larry. Et dans mon cœur, j'étais déjà engagé à me lier d'amitié avec l'homme qui, avec un courage sans faille, avait mis en péril ses propres chances de libération en faveur des autres ; car je commençais maintenant à considérer Evans comme le personnage central de la tragédie.

Il n'est ni simple ni rapide d'obtenir la libération d'un homme reconnu coupable de meurtre par le tribunal et condamné à la réclusion à perpétuité, à moins d'avoir une influence politique suffisamment forte pour surmonter tous les obstacles. Les retards susceptibles de se produire et les détails à régler avant d'avoir en main tous les fils nécessaires pour tisser le tissu d'une requête en grâce de l'exécutif sont presque infinis.

Afin d'entrer directement en contact avec les familles de Larry et Maguire, ainsi qu'avec l'avocat compétent déjà enrôlé dans leur service et désormais en possession de la déposition d'Evans, je me suis rendu dans la ville où le crime a été commis. Le visage le plus triste que j'ai vu à propos de cette affaire était celui de la mère veuve de Maguire. C'était une si petite femme, à l'esprit trop écrasé et brisé par la pauvreté et le sort de son fils pour ressusciter même dans l'espoir de sa libération. Ce n'était que l'ombre d'un sourire avec lequel elle m'accueillit ; mais lorsque nous nous séparâmes, sa gratitude appela les bénédictions de tous les saints du calendrier pour me suivre tous mes jours.

J'ai trouvé les gens de Larry à peu près du même genre que lui, joyeux, généreux, acceptant courageusement leur part de la malchance qui lui était arrivée, chérissant apparemment le trésor de son innocence plus que n'en ressentant l'injustice, mais très reconnaissants pour toute aide vers sa libération. . L'avocat qui avait interrogé Larry et Maguire au pénitencier s'est dit étonné de ce qu'il a appelé « l'incroyable altruisme » de Larry. "Je ne pensais pas qu'il était possible de trouver cet esprit nulle part, surtout dans une prison", a-t-il déclaré. Larry n'avait consenti à figurer sur la pétition rédigée pour Maguire que lorsqu'il était convaincu que cela ne porterait pas atteinte aux chances de Maguire.

Quand j'ai quitté les lieux, les lignes semblaient bien posées pour le bon déroulement de nos plans. Je ne me souviens pas maintenant de ce qui a empêché la présentation de la requête en commutation des deux peines à douze [11] ans ; mais plus d'un an s'écoula avant que le moment opportun ne paraisse proche.

Pendant cet intervalle, Evans ne vivait pas toujours dans des projets désintéressés au profit des autres. Le fardeau de son propre destin pesait lourdement sur lui et personne dans la prison n'avait plus soif de liberté que lui. Dans les livres de la bibliothèque de la prison , il trouva une certaine diversion et, fatigué de la fiction, il se tourna vers la philosophie, cherchant à appliquer ses raisonnements à son propre sort ; encore une fois, il cherchait chez les poètes une expression et une interprétation de ses propres sentiments. C'était dans les lettres toujours bienvenues qu'il trouvait le plus de plaisir réel, mais il éprouvait des difficultés à rédiger des réponses satisfaisantes pour lui-même. Dans une lettre devant moi, il dit :

"Je souhaite seulement pouvoir écrire comme je le sens, alors effectivement vous recevrez une pierre précieuse; mais je ne peux pas, c'est encore plus dommage. Mais je peux parcourir et chérir vos lettres, et si j'osais, je vous demanderais d'écrire plus souvent . " Pensez-y, l'idée me frappe que j'écris à un *auteur* , moi qui n'ai jamais su épeler un petit peu. Mais l' auteur est mon amie, n'est-ce pas, et elle passera sous silence mon défaut. J'ai fait de mon mieux. écrire une belle lettre et j'espère qu'elle vous plaira, mais, selon les mots de Byron,

"'Ce qui est écrit est écrit :

Serait-ce plus digne. Mais je ne le suis pas maintenant

Ce que j'ai été, et mes visions voltigent

Moins palpable devant moi, et la lueur

Ce qui habitait dans mon esprit palpite faiblement et bas.

« Avec la dernière ligne de votre lettre, je termine : « écris bientôt, n'est-ce pas ? »

Les lettres d'Evans étaient rares, car il entretenait une correspondance avec ses avocats, qui l'encourageaient à espérer qu'il ne passerait pas toute sa vie derrière les barreaux. D'autres aussi réclamèrent ses lettres. Il m'écrit :

"J'ai une pauvre vieille mère qui attend et reçoit toujours mes lettres de Noël, mais j'ai décidé que tu devrais recevoir ma première lettre de Nouvel An, alors la voici, je te souhaite une bonne année et beaucoup d'entre elles. Sans aucun doute, tu en as eu beaucoup Des lettres de Noël d'ici vous racontent le temps que nous avons passé et que c'était un *très bon moment* . Il fait terriblement noir ici dans les cellules aujourd'hui et je vois à peine les lignes sur lesquelles écrire. J'espère que vous n'en aurez pas autant difficulté à le lire. » L' écriture des lettres d'Evans est vigoureuse, claire et ouverte ; une main directe et virile, sans fioritures ni fioritures.

Juste au moment où je quittais la maison pour une de mes visites semestrielles au pénitencier, j'ai reçu des informations de leur avocat selon lesquelles la pétition pour Maguire et Larry serait présentée au gouverneur le mois suivant. Très ravi de la bonne nouvelle que j'apportais, j'ai d'abord demandé une entrevue avec Evans. Il est entré, visiblement de très bonne humeur, mais alors que je racontais avec enthousiasme ce que nous avions accompli, j'ai ressenti un manque croissant de réponse de la part d'Evans et j'ai vu la lumière s'effacer de son visage.

"Ô Miss Taylor," dit-il enfin, avec une telle note de douleur dans la voix, "vous savez que mes avocats ont travaillé pour moi tout ce temps. Bien sûr, je leur ai parlé de la déclaration que j'ai faite dans le bureau du directeur, "

Il n'était pas nécessaire de terminer la phrase car le conflit d'intérêts était clair ; et Evans était visiblement énervé. Nous avons discuté longtemps ensemble. Bien que peu disposé à influencer sa décision, j'ai réalisé que, si sa requête était examinée en premier et était accordée, la valeur de cette confession, si importante pour les autres, serait diminuée et les chances de libération de Maguire diminueraient ; car les gouverneurs se méfient d'accepter comme preuve l'aveu d'un homme qui n'a rien à perdre. En revanche, je n'ai pas eu le cœur d'éteindre les espoirs que les avocats d'Evans avaient suscités. Et en réponse à sa question : « Que dois-je faire ? Je pouvais seulement dire : « C'est à vous de décider. »

Finalement, Evans se ressaisit suffisamment pour dire : « Eh bien, je ne vais pas m'en prendre aux garçons maintenant. Je n'avais pas réalisé à quel point les efforts de mes avocats allaient les affecter. Je vais laisser l'affaire en suspens. tes mains, car je sais que tu feras ce qui est juste. » Et c'est ce sur quoi il a insisté.

« Quelle que soit la meilleure solution à prendre maintenant, Tom, après cela, je ne me reposerai jamais tant que je ne vous verrai pas non plus sortir de prison », fut mon assurance sincère.

Il y avait eu un tel esprit de fair-play parmi ces hommes que j'ai ensuite porté l'affaire devant Maguire et Larry, et nous avons tous les trois tenu une consultation sur la meilleure ligne d'action. Eux aussi ont apprécié la générosité d'Evans et ont réalisé, bien plus que moi, ce que cela pourrait lui coûter. Sans aucun doute, chacun des trois ressentait la forte attraction de son intérêt personnel ; mais leur choix unanime d'un accord équitable n'a pas faibli. Une chose était claire : la nécessité de parvenir à une entente et à une action concertée entre les avocats dont les intentions actuelles étaient si sérieusement contradictoires. Les conseils et le soutien moral du directeur m'avaient été d'une valeur inestimable, et lui et moi pensions que si les avocats pouvaient être amenés à se rencontrer à la prison et à se consulter non seulement entre eux mais aussi avec leurs trois clients, s'ils pouvaient seulement venir en contact direct avec ces condamnés et se rendre compte qu'ils étaient des hommes qui voulaient faire la bonne chose et la chose juste, qu'une pétition pourrait être rédigée plaçant Evans et Maguire sur le même pied et demandant la même réduction de peine pour les deux ; tandis que Larry, en justice, avait droit à un pardon complet. Je continue de croire que si cette voie avait été suivie, les deux pétitions auraient été accordées. Mais les avocats en général semblent avoir une aversion constitutionnelle pour les raccourcis et les mesures simples, et les avocats d'Evans n'ont répondu à aucune ouverture de coopération.

À peu près à la même époque, un changement s'est produit dans l'administration de l'État, avec pour conséquence un retard inévitable dans l'examen des requêtes en grâce de l'exécutif ; car il était considéré comme impolitique pour le gouverneur nouvellement élu de commencer sa carrière en s'immisçant hâtivement dans les décisions des tribunaux ou en adoptant une attitude trop indulgente envers les condamnés.

S'ensuivit alors cette période de suspense qui semble assez ronger le cœur et les nerfs du condamné de longue date. L'esprit alterne entre la fièvre de l'espoir et le froid du désespoir. Des hommes prient alors qui n'ont jamais prié auparavant. Les jours traînent comme jamais auparavant ; et le soir venu, l'esprit ne peut s'occuper de livres tandis que sur la page imprimée, les mêmes questions s'écrivent sans cesse : « Dois-je entendre demain ? « Le gouverneur accordera-t-il ou refusera-t-il ma requête ? On ferme le livre pour entrer dans la nuit agitée et ennuyeuse, respirant l'air mort de la cellule de prison, écoutant le pas du gardien dans le couloir. Il ne serait pas étonnant qu'à minuit, Evans ait maudit le jour où il a déclaré qu'il était le seul à avoir tué le policier ; mais ni dans ses lettres ni dans sa conversation, il n'y a jamais eu d'indication de regret pour cet acte. L'aumônier catholique de la prison était vraiment un bon berger et un consolateur pour son troupeau, et c'était une véritable aide et un véritable soutien spirituel qu'il apportait aux hommes. Ses conseils au confessionnal ont peut-être été à l'origine de la détermination d'Evans à purifier sa propre conscience et à disculper les autres lorsque l'occasion se présentait.

Maguire n'a jamais fluctué dans sa confiance que la liberté était en route, mais il était rongé par l'impatience ; Seul Larry, qui n'avait jamais cherché à se libérer, attendait son heure dans une gaieté sereine.

Et les pouvoirs en place ont accepté le sacrifice de Larry ; car le retard dans le bureau du gouverneur a été si long que Maguire a été libéré le jour où la peine de Larry a expiré. Le monde paraissait très brillant pour Jim Maguire et Larry Flannigan alors qu'ils franchissaient ensemble les portes de la prison pour rejoindre la liberté. Maguire a repris la vie dans son ancien environnement, sans beaucoup de succès, j'ai des raisons de penser. Mais Larry a pris un nouveau départ dans une ville lointaine, sans être gêné par le fait qu'il était un ancien détenu.

C'est alors que le fléau mortel de la vie en prison commença à jeter son voile sur Evans, et la longue tension nerveuse à miner sa santé. Il m'a écrit :

"Je continue à exercer mon ancien métier et je peux dire avec vérité que mon antipathie à son égard augmente chaque jour. J'en ai marre d'écrire à des avocats ces deux dernières années, et cela n'a abouti à rien. Je me tournerai volontiers vers l'affaire vous est confiée si vous pouvez en faire quelque chose. »

L'événement a prouvé que ces avocats étaient intéressés par leur cas, mais politiquement ils étaient opposés au gouverneur et n'avaient aucune influence ; je n'ai pas non plus mieux réussi à faire cristalliser l'affaire.

J'avais toujours trouvé Evans animé et intéressé par tout ce dont nous parlions jusqu'à une interview alors qu'il avait passé environ treize ans en prison, tout ce temps sous contrat. Le changement dans son apparence était évident lorsqu'il entra dans la pièce. Il s'assit nonchalamment, et mon cœur se serra, car je connaissais trop bien cette sourde apathie à laquelle succombent les hommes de longue date. Maintenant, sachant avec quelle joyeuse impatience il avait autrefois attendu nos entrevues, j'étais déterminé à ce que l'heure ne se passe pas sans laisser un souvenir agréable ; mais il fallut vingt minutes ou plus avant que le nuage dans ses yeux ne se dissipe et que le sourire avec lequel il m'avait toujours accueilli apparaisse. Son attitude changea lorsqu'il dit : "Eh bien, Miss Taylor, je viens juste de me réveiller et je commence à réaliser que vous êtes ici. Mon esprit devient si ennuyeux que plus rien ne semble faire d'impression. " Il était tout animé le reste du temps, buvant avidement la joie d' une compagnie sympathique . — Quelle plus grande joie la vie donne-t-elle ?

Mais j'avais pris l'alarme, car il était clair que l'homme était en train de s'effondrer, et j'ai exhorté le directeur à lui donner un autre travail. Le directeur a dit qu'il avait essayé d'arranger cela ; mais Evans travaillait à contrat, l'un des meilleurs hommes de l'atelier, et les entrepreneurs n'étaient pas disposés à abandonner un ouvrier aussi rentable – les maux du système de contrat ont de nombreuses raisons de répondre. Evans a donc continué à travailler sur le contrat, et le fléau de la prison a progressé et la vitalité de l'homme s'est progressivement épuisée. Lorsque l'hiver suivant arriva et que *la grippe* envahit la prison, la puissance de résistance d'Evans fut sapée ; et lorsqu'il fut atteint de la maladie, il fut relégué à l'hôpital de la prison pour récupérer. Il n'a pas récupéré; au contraire, divers symptômes de détérioration physique générale sont apparus et il était évident que ses journées de travail sous contrat pénitentiaire étaient terminées.

Une nouvelle tentative fut alors faite pour obtenir la libération d'Evans, car sa santé fragile fournissait une raison pour qu'il soit urgent d'agir immédiatement de la part du gouverneur, et cette dernière tentative fut couronnée de succès. La bonne nouvelle a été envoyée à Evans que dans un mois il serait un homme libre, et j'étais à la prison peu de temps après que la pétition ait été accordée. Je savais qu'Evans était à l'hôpital, mais je n'avais pas été informé de son état critique jusqu'à ce que le médecin de l'hôpital me dise que de graves problèmes cardiaques s'étaient développés, intensifiés par l'excitation suscitée par la certitude de sa libération.

Aucune ombre de mort n'était visible ni ressentie lors de ma dernière visite avec Evans, qui était habillé et assis lorsque je suis entré pour le voir. Jamais, jamais je n'ai vu quelqu'un d'aussi heureux qu'Evans ce matin-là. Le cœur débordant de joie et de gratitude, son visage rayonnait de ravissement. Toute l'ancienne animation se ranimait, et la voix, qui n'était plus sans vie, était colorée et chaude d'émotion.

"Je tiens à remercier tout le monde", a-t-il dit, "le gouverneur, mes avocats, le directeur et vous. Tout le monde a été si bon avec moi ces dernières semaines. Et je serai à la maison dimanche prochain. Ma sœur vient prendre moi chez elle, et elle et ma mère prendront soin de moi jusqu'à ce que je sois capable de travailler. Ma sœur m'écrit que ma mère ne peut pas rester assise, mais qu'elle se promène dans la pièce avec impatience de me voir.

Nous deux amis, qui nous étions serrés la main dans les ténèbres de son sort, étions ensemble maintenant lorsque l'aube de sa liberté se levait, aucun de nous ne réalisant qu'il s'agirait de la plus grande liberté de la Vie Invisible.

Cependant, pour nous deux, cette heure était le beau point culminant de nos années d'amitié. J'ai lu dans le cœur de l'homme comme s'il s'agissait d'un livre ouvert et il ne contenait que de la bonne volonté envers le monde entier.

Quelque chose m'a poussé à lui parler comme je n'avais jamais parlé à aucun de mes prisonniers, pour essayer de lui faire sentir ma reconnaissance pour son courage, son altruisme, sa fidélité. Je lui ai dit que j'avais réalisé à quel point il avait *vécu* les qualités du soldat le plus héroïque. Donner sa vie pour son pays quand l'air est chargé de l'esprit de patriotisme est une belle chose et digne du frisson d'admiration qu'il suscite toujours. Mais la liberté est plus chère que la vie, et l'atmosphère carcérale n'inspire guère les actes chevaleresques. Cet homme s'était élevé au-dessus de lui-même dans cette région supérieure de la victoire morale. Et alors j'ai dit ce que j'avais sur le cœur, tandis que quelque chose de plus profond que le bonheur est apparu sur le visage d'Evans.

Et puis nous nous sommes dit au revoir en nous souriant dans les yeux. Cela s'est produit, je pense, l'avant-dernier jour de la vie d'Evans .

Par la suite, on a appris en prison qu'Evans était mort de joie à l'idée d'être libéré. Qu'il soit porté dans la nouvelle vie par cette marée haute de bonheur me semblait un cadeau du ciel. Car dans la pensée du prisonnier, la liberté inclut tout ce qu'on peut désirer dans la vie. La joie de cette anticipation avait aveuglé Evans sur le fait que sa santé était irréparable. Il n'a pas compris que la vie de liberté, si belle à son imagination, ne pourrait jamais vraiment être la sienne ; car la prison de la maladie a des verrous et des barreaux qu'aucune main humaine ne peut retirer.

Mais cette mère ! Si seulement elle avait pu lire une fois de plus la lumière de son amour pour elle dans les yeux de son fils ! Mais les chagrins de la vie tombent de la même manière sur les justes et sur les injustes.

NOTE DE BAS DE PAGE:

[11] La peine accordée pour une peine de douze ans la réduit à sept ans et trois mois.

CHAPITRE XI

L'aspect psychologique de la vie des détenus est extrêmement intéressant, mais en étudiant les processus cérébraux, censés être mécaniques, les théories et les conclusions logiques d'une personne risquent d'être déconcertées par un facteur qui ne peut être exploité par aucun ensemble de théories ; à savoir, ce *quelque chose que nous appelons conscience* . Nous oublions que le criminel n'est qu'un être humain qui a commis un crime, et que derrière le crime se cache la même nature humaine commune à nous tous.

Durant les premières années où j'ai été en contact avec la vie carcérale, je n'ai eu qu'occasionnellement des remords pour les crimes commis. L'esprit de la plupart des condamnés semblait s'attarder davantage sur les « circonstances atténuantes » que sur l'acte criminel, et les difficultés de la vie en prison étaient presque toujours présentes dans leurs pensées. J'en étais presque venu à considérer les remords décrits dans la littérature et le théâtre comme une chose irréelle, lorsque j'ai fait la connaissance d'Ellis Shannon et que je l'ai trouvé : un monstre qui serrait le cœur humain et le tenait comme dans un étau. Nemesis n'a jamais accompli une œuvre de rétribution plus pleinement qu'elle ne l'a été dans la vie d'Ellis Shannon.

Shannon était né dans une ville de l'Est, c'était un garçon aux capacités supérieures à la moyenne, et il ne semblait y avoir aucune raison pour qu'il se soit trompé ; mais il perdit très tôt son père, sa mère ne parvint pas à le contrôler, et vers l'âge de seize ans, il tomba en mauvaise compagnie et fut bientôt lancé dans sa carrière criminelle. Il rompit tout lien avec sa famille, partit vers l'Ouest et, pendant dix ans, réussit dans son secteur d'activité : le cambriolage régulier. Il était largement connu parmi les hommes de sa vocation sous le nom de « Le Grec » et sa « position professionnelle » était des plus élevées. La première fois que j'ai entendu parler de lui, c'est un de mes autres amis de prison qui m'a écrit : « Si vous voulez en savoir plus sur la vie en prison, écrivez à Ellis Shannon, qui y est actuellement. Vous pouvez compter absolument sur ce qu'il fera. dit - et quand un professionnel dit cela d'un autre, vous savez que cela signifie quelque chose. Je n'ai cependant pas profité de cette introduction.

La réputation de sang-froid de Shannon était incontestée, et on disait qu'il ne savait pas ce qu'était la peur. Afin de garder l'esprit clair et la main ferme, il s'abstint de toute dissipation ; il se piquait de ne jamais mettre en danger la vie de ceux dont il entrait dans les maisons, et méprisait les maladroits qui ne connaissaient pas assez bien leur métier pour éviter de se heurter personnellement lors de leurs raids nocturnes. Contrairement à la plupart des hommes de sa vocation , il utilisait toujours une bougie en entrant dans un bâtiment, et ses associés lui disaient souvent que parfois, cette bougie lui causerait des ennuis.

Une nuit, on pénétra dans la maison d'un citoyen éminent et populaire. Alors que le cambrioleur poursuivait son infâme œuvre, le citoyen le saisit soudain par les épaules, le tirant en arrière. Le cambrioleur a réussi à tirer en arrière au-dessus de sa propre tête, la prise du citoyen s'est relâchée et le cambrioleur s'est enfui. Le coup de feu s'est avéré mortel ; la seule trace laissée par l'agresseur était une bougie tombée sur le sol.

Une récompense était offerte pour la capture et la condamnation du meurtrier. Des preuves circonstancielles liées à la bougie ont conduit à l'arrestation de George Brett, un jeune homme de la même ville, qui n'appartenait pas à la classe criminelle. Le verdict dans cette affaire reposait sur l'identification du morceau de bougie trouvé dans la maison avec celui que l'accusé s'était procuré la veille ; et de l'avis du tribunal, cette identification était prouvée. Brett a admis avoir obtenu un morceau de bougie chez cet épicier cet après-midi-là, mais a affirmé qu'il l'avait utilisé dans une citrouille-lanterne fabriquée pour un enfant de la famille. [12] Les preuves étaient insuffisantes pour convaincre l'homme du crime réel, mais cet élément de preuve, ainsi que d'autres moins directs, ont été jugés suffisamment incriminants pour justifier l'envoi de Brett en prison pour une peine de dix-sept ans, je pense ; et bien que le condamné ait toujours clamé son innocence, sa culpabilité a été considérée comme acquise alors que six années se sont écoulées.

Ellis Shannon, entre-temps, avait été arrêté pour cambriolage dans un autre État et avait purgé une peine dans un autre pénitencier. Il semblait avoir perdu son sang-froid et la chance s'était retournée contre lui. A sa libération, un autre cambriolage lui valut une peine de dix ans, cette fois dans la même prison où Brett payait la peine du crime dans lequel la bougie avait joué un rôle si important.

Les deux condamnés avaient des cellules dans la même partie de la prison et, pour la première fois, Ellis Shannon se retrouva face à face avec George Brett. Quelques jours plus tard, Shannon a demandé un entretien avec le directeur. Dans le bureau du directeur, il annonça qu'il était l'homme coupable du crime pour lequel Brett souffrait et que Brett n'y était pour rien. Il a dessiné un croquis de la maison cambriolée - pas tout à fait exact - a donné un récit succinct de toute l'affaire et s'est déclaré prêt à se présenter au tribunal, à plaider coupable de meurtre et à accepter la condamnation, même la peine de mort. Des suites à ces aveux ont été rapidement prises. Shannon a été traduit en justice et, sur la base de ses seuls aveux, a été condamné à la prison à vie.

Brett était ravi de cette justification et de l'attente d'une libération immédiate. Mais non; les parties poursuivantes n'étaient pas convaincues par les aveux de Shannon qui, à leur avis, ne disposaient pas des preuves contre Brett.

Il s'agissait d'une situation curieuse, et peut-être sans précédent, que, même si la déclaration non étayée d'un homme était considérée comme suffisante pour justifier l'imposition d'une peine d'emprisonnement à perpétuité, cette déclaration ne comptait pour rien comme affectant le sort de l'autre homme impliqué. Et il n'y a jamais eu la moindre trace de collusion entre les deux hommes, ni au moment des faits, ni après.

Je vais raconter l'histoire du crime de Shannon dans son propre langage laconique, tiré de ses aveux publiés dans les journaux :

"Jusqu'au moment où j'ai tué M....., je n'avais jamais blessé personne. Je n'avais que très peu de respect pour les droits de propriété, mais abattre un homme la nuit dans sa propre maison était un comble de méchanceté que je n'avais pas compté. Un voleur professionnel n'est pas un misérable aussi assoiffé de sang qu'on le croit... Je ne présente aucune défense pour le crime de meurtre ou de cambriolage - tout cela est déjà assez horrible. C'était un misérable concours de circonstances. C'est ce qui a provoqué la fusillade cette nuit-là. Je ne me sentais pas bien et je suis donc entré dans la maison avec mon pardessus, ce que je n'avais jamais fait auparavant. Il était boutonné jusqu'au cou. J'avais regardé M.... un instant auparavant et il Je m'étais alors retourné et j'avais enlevé ses vêtements. J'avais une bougie dans une main et les vêtements dans l'autre. J'aurais dû partir dans une seconde de temps quand tout à coup, avant que je puisse me retourner, M.... parla. Aussi vite que le mot, il a passé ses bras autour de moi ; la bougie s'est éteinte et nous étions dans le noir.

"Maintenant, je pouvais à peine me rappeler comment tout cela s'était passé. Je n'avais pas le temps de réfléchir. J'étais impuissant comme un bébé dans la position dans laquelle j'étais tenu. Il n'y a pas de temps pour réfléchir dans une lutte comme celle-ci. Il me tenait dans ses bras. et j'avais du mal à m'enfuir. Je lui ai dit à plusieurs reprises de lâcher prise sinon je tirerais. J'étais presque fou d'excitation et c'était tout simplement l'instinct animal de conservation qui m'a poussé à tirer.

"J'étais si faible quand je suis sorti qu'en courant , je suis tombé deux ou trois fois. Cette nuit-là, à Chicago, j'espérais que l'homme n'était que blessé, et dans ce cas , j'étais déterminé à quitter l'entreprise. Quand j'ai lu le tout ce que je peux dire dans les journaux le lendemain matin, c'est que, même si j'étais en ville et parfaitement en sécurité, avec aussi peu de chances d'être découvert que si j'étais sur une autre planète, j'aurais tenté ma chance - peu importe si cela avait été le cas. cinq ou vingt ans pour le cambriolage, si seulement j'avais le pouvoir de recommencer... Je ne me souciais pas beaucoup de ce que je ferais après cela, je pensais que je ne pourrais pas être pire que ce que j'étais.

" Quelques mois plus tard, j'ai été arrêté et condamné à cinq ans de prison pour un cambriolage en.... J'ai lu tout ce que j'ai pu du procès à partir des papiers que j'ai pu obtenir ; et pour la première fois j'ai vu à quel point les circonstances étaient mortelles et la vanité de la ruse humaine peut contourner un homme innocent.

"Le procès a continué. Je n'ai pas ouvert la bouche. Je savais que si je disais un mot et que j'allais au tribunal fraîchement sorti du pénitencier, je serais certainement pendu, et je n'étais pas encore prêt à sacrifier ma vie. pour un étranger.

"Dans la vie fiévreuse que j'ai menée pendant le peu de temps que j'ai passé hors de prison, j'ai tout oublié jusqu'à ce que je me retrouve ici pendant dix ans et je me suis alors dit : il y a un homme dans cette prison qui travaille dur, mange de la nourriture grossière, privé de tout ce qui fait que la vie vaut la peine d'être vécue et de souffrir pour un crime dont il connaît aussi peu que la poussière qui reste à créer pour remplir ces misérables cellules. J'ai pensé quel enfer cet endroit devait être pour lui.

"Personne ne m'a extorqué cette confession. Je ne souhaite impliquer personne d'autre que moi-même. Si vous ne croyez pas ce que je dis maintenant et que —— reste en prison, il est probable que la vérité ne sera jamais connue. Mais si à l'avenir, l'homme qui était avec moi cette nuit-là viendra au front, que je sois vivant ou mort, vous constaterez que ce que je vous ai dit est aussi vrai que la loi de la gravitation. Je n'ai jamais été dans la ville de... " - avant cette époque ou depuis. Je ne savais pas qui j'avais tué jusqu'à ce que j'en lise. Je ne sais pas - (Brett) ni aucun de ses amis. Mais je sais qu'il est parfaitement innocent du crime qu'il est en prison pour. Je le sais mieux que quiconque au monde parce que j'ai commis le crime moi-même.

La situation de Brett n'a pas été affectée le moins du monde par ces aveux, même si sa famille faisait tout ce qui était en son pouvoir pour obtenir sa libération. Le cas a été considéré comme le plus difficile à résoudre. La théorie d'une illusion de la part de Shannon a été avancée et acceptée par ceux qui croyaient Brett coupable, mais n'a reçu aucun crédit parmi les condamnés qui connaissaient Shannon et le cambrioleur qui lui était associé au moment où le crime a été commis.

Je n'avais jamais cherché à faire la connaissance d'un « criminel notoire » auparavant, mais cette affaire m'intéressait et j'ai demandé à voir Shannon. Pour la première fois, je me suis senti désavantagé lors d'un entretien avec un condamné. Une sorte de distance semblait former l'atmosphère même de sa personnalité, et bien qu'il soit assis près de moi, c'était avec le visage détourné et les yeux baissés ; le visage semblait taillé dans le marbre, il était si pâle et si froid, avec des traits nets et réguliers, suggérant une singulière convenance à ce qu'on l'appelle « Le Grec ».

J'ai ouvert la conversation en faisant quelques références aux articles de journaux ; Shannon a écouté courtoisement mais avec le visage détourné et les yeux baissés, puis d'une voix basse et plate, mais avec une certaine incisivité, il a expliqué le motif qui l'a conduit à ses aveux, me révélant également son propre point de vue sur la situation. Six ans s'étaient écoulés depuis que le crime avait été commis, et pendant tout ce temps, dit-il, il avait cru que s'il parvenait à avouer, Brett serait innocenté – que pendant ces six années, le meurtre était devenu une chose du passé. , partiellement atténué dans son esprit, pour cause de légitime défense ; mais lorsqu'il se retrouva dans la même prison que Brett, voici le résultat de son crime, vivant, souffrant ; et au plus profond de la conscience de Shannon, plaidant pour la justification et la liberté. En tant que fardeau pour sa propre âme, le meurtre aurait pu être supporté en silence entre lui et son Créateur, mais comme une malédiction vivante sur autrui, il exigeait une confession. Et le désir de réparer ce tort envahit son être avec une force irrésistible.

« J'ai toujours cru, dit-il, que « la vérité écrasée sur terre ressusciterait », et j'étais prêt à donner ma vie pour la vérité ; mais j'ai appris que la parole d'un condamné n'est rien : la vérité chez un condamné compte. pour rien."

L'homme avait à peine bougé lorsqu'il me raconta tout cela, et il restait assis comme une statue de désespoir lorsqu'il retomba dans le silence, toujours les yeux baissés ; J'étais absolument convaincu de la vérité de ce qu'il m'avait dit, de la vérité centrale de toute cette affaire, de sa culpabilité et de sa conscience de l'innocence de l'autre homme. Que ses impressions sur certains détails de l'affaire puissent ne pas correspondre aux faits connus était d'une importance secondaire ; pour moi, les *preuves internes* étaient convaincantes. N'y a-t-il pas quelque chose dans la Bible selon lequel « l'esprit rend témoignage à l'esprit » ? En tout cas, *parfois une femme le sait*.

J'ai dit à Shannon que je croyais en sa vérité et je lui ai proposé de lui envoyer des magazines et des lettres s'il le souhaitait. Puis il m'a jeté un rapide coup d'œil scrutateur, avec des yeux habitués à lire les gens, m'a remercié et a ajouté alors que nous nous séparions : « S'il y avait plus de gens comme vous dans ce monde, il n'y en aurait pas autant comme moi.

Ma croyance en la véracité de la déclaration de Shannon était purement intuitive, mais afin de la rendre claire à ma compréhension également, j'ai étudié toutes les objections à son acceptation par ceux qui pensaient que Shannon était victime d'une illusion. Sa sincérité, personne ne doutait. On a affirmé que Shannon n'avait manifesté aucun intérêt pour l'affaire avant son arrivée dans la prison où se trouvait Brett. Sur le chemin de cette prison, Shannon, alors qu'il tentait d'échapper au shérif, avait reçu un coup à l'arrière de la tête, ce qui aurait pu affecter son esprit. Parmi mes connaissances détenues se trouvait un homme qui avait travaillé dans le magasin à côté de Shannon dans une autre prison, au moment du procès de Brett pour ce crime, et cet homme ne pouvait avoir aucun motif possible pour incriminer Shannon. Il m'a raconté que pendant toute la durée du procès, cinq ans avant le coup porté à la tête, Shannon était très perturbé, impatient de mettre la main sur les journaux qu'il devait emprunter et apparemment absorbé par l'étude des preuves contre Brett, mais disant toujours : "Ils ne peuvent pas le condamner." Ce condamné a continué en me disant qu'après que l'affaire ait été tranchée contre Brett Shannon, il semblait avoir perdu son sang-froid et tout intérêt pour la vie. Ce récit concorde exactement avec la confession imprimée de Shannon, dans laquelle il dit : « J'ai lu tout ce que j'ai pu sur le procès dans quels journaux j'ai pu obtenir. Je n'avais pas encore atteint le point où j'étais prêt à sacrifier ma vie pour un étranger. »

Dans ses aveux, Shannon avait parlé de son complice dans cette terrible nuit de travail comme de quelqu'un qui pouvait se manifester et étayer ses déclarations. Quatre forçats différents de ma connaissance savaient qui était cet homme, mais aucun d'eux n'a pu me mettre en communication avec lui. L'homme avait complètement disparu. Mais j'ai rassemblé cette preuve quant à sa connaissance du crime : au moins une autre de mes connaissances condamnées savait où il se trouvait jusqu'au lendemain de la publication des aveux de Shannon. Ce jour-là, ma connaissance reçut du complice de Shannon *un papier sur lequel étaient marqués les aveux* et depuis ce jour, elle avait perdu toute trace de lui. Le condamné a fait ce commentaire pour défendre le silence du complice :

"Il ne serait pas assez idiot pour se manifester et s'incriminer après l'expérience de Shannon."

Les condamnés de plusieurs États étaient conscients des efforts infructueux de Shannon pour réparer un tort et connaissaient la punition que lui infligeait sa tentative. L'issue de cet incident doit avoir été considérée comme un avertissement adressé aux autres condamnés qui pourraient être incités à faire des aveux honnêtes au nom d'un autre.

À cette époque , je n'avais jamais vu George Brett et ce n'est que plus tard que j'ai été en communication avec ses avocats. Mais j'étais convaincu que seuls les condamnés pouvaient obtenir des preuves confirmant les aveux de Shannon.

Pour autant que je sache, rien d'autre lié à ce crime n'a jamais été révélé. Et même aujourd'hui, il existe sans doute des divergences d'opinion parmi les mieux informés. Constatant que je ne pouvais rien faire en la matière, mon intérêt s'est concentré sur l'étude de l'homme Shannon. Il constituait une étude intéressante du point de vue purement psychologique, et plus encore du point de vue de la révélation progressive de sa véritable vie intérieure.

Il est difficile de concilier la vie d'action de Shannon avec sa vie de pensée, car il était un homme d'intelligence, un étudiant et un penseur. Son utilisation de l'anglais était toujours correcte. L'éventail de ses lectures était large, incluant les meilleures œuvres de fiction, de philosophie, de science et, plus inhabituel, les essayistes anglais – Addison, Steele et d'autres contributeurs à The *Spectator* . Le vrai philosophe est montré dans l'extrait suivant d'une de ses lettres :

"Je vous prie de ne pas penser que je me considère comme un martyr de la cause de la vérité. Le fait que ma déclaration ait été rejetée n'enlève rien aux faits bruts, mais prouve simplement l'échec des conditions par lesquelles elle devait être établie comme telle. "C'est un monde de méthode. Les choses devraient être à leur place. Les gens ne vont pas chez un poissonnier pour des diamants, ni dans une prison pour la vérité. Je reconnais l'incongruité de ma position et je me soumets à l'inévitable."

Pour expliquer sa réception de mon premier appel, il écrit :

"Je ne pense pas avoir tout d'abord bien compris la nature de votre appel - il était si inattendu. Si le sens de ce que j'ai dit était obscur, c'est parce qu'en réfléchissant et en ruminant trop, on devient incapable de parler et tombe progressivement dans un état où les mots ne semblent pas naturels. *Et ces pensées de prison sont terribles*. Dans leur inutilité, elles sont comme des araignées qui construisent des toiles d'araignées dans le cerveau, le troublent et l'obstruent de manière irréparable. J'essaie d'utiliser l'imagination comme une drogue pour remplir mon esprit d'une imagination fantaisiste. un contentement que je ne peux connaître d'aucune autre manière. Quand j'étais enfant , je rêvais et je spéculais en prévision du monde à venir. Maintenant je fais la même chose, mais pour une raison différente : pour me faire oublier la période détestable de fait qui est intervenu.

" Ainsi, lorsque je ne lis pas ou ne dors pas, et lorsque mon travail peut être effectué mécaniquement et avec le moins d'effort mental, je vis autant que possible loin de moi-même et de mon environnement. J'étais dans un état similaire à celui-ci au moment de votre appel. " Un rêveur n'aime pas au mieux être réveillé et dans une situation comme la mienne c'est particulièrement éprouvant. En parlant ainsi, je dois vous demander pardon, car j'ai vraiment apprécié votre visite et je me suis senti plus humain après elle. Je ne voudrais pas que vous en déduisiez C'est de là que la moindre imagination est entrée dans mon récit de cette malheureuse affaire. Je voudrais qu'il en soit ainsi ; mais si c'est un fait que j'existe, tout ce que j'ai raconté est tout aussi vrai.

Son choix de Schopenhauer comme ami illustre le principe homéopathique du semblable guérissant le semblable.

" Schopenhauer est un vieil ami et un de mes favoris. Très souvent, lorsque je deviens misérablement bleu et que tout ce que je vois à travers mes yeux prend une teinte des plus coquines, je tire un immense réconfort et une consolation en pensant à quel point ils ont pire. apparut à Schopenhauer. » En d'autres termes, le grand pessimiste a servi à produire une réaction saine.

Mais cette réaction ne dura qu'une heure. Tout au long des lettres de Shannon coule une veine du pessimisme le plus amer. Il se méfie de toute forme de religion et traduit en justice les aumôniers de la prison en ces termes :

"Je n'ai jamais rencontré une classe d'hommes qui semblent moins connaître la nature spirituelle ou les besoins de leurs troupeaux. Il me semble étrange que des hommes, qui pourraient si facilement rassembler de la matière pour les plus belles leçons pratiques, entourés comme ils le sont de des expériences réelles et des illustrations par lesquelles ils pourraient bien enseigner que *le crime ne paie* ni en argent ni en bonheur, qu'ils ignoreront tout cela et se creuseront la tête pour produire des discours théologiques élaborés fondés sur une phrase d'un pêcheur qui existait il y a deux mille ans , pour paralyser et mystifier un grand nombre de pauvres voleurs de chevaux et cambrioleurs. Ce dont les prisonniers ont besoin, c'est d'un homme capable de prêcher le bon sens naturel et quotidien, avec parfois un peu d'humour ou une histoire ou un incident agréable pour illustrer une morale. . Il me semble que si je devenais prédicateur, j'essaierais d'étudier le caractère simple du grand maître tel qu'il nous est transmis."

Il me semble que les aumôniers des prisons feraient bien de tenir compte de ce point de vue des détenus dans leur prédication.

Je ne me souviens pas que Shannon ait jamais formulé de critique sur l'administration de la prison dont il était alors détenu, mais il exprime librement son opinion sur notre système général d'emprisonnement. Il avait étudié les rapports d'un congrès de prison récemment en séance au cours duquel diverses "mesures de réforme" avaient été discutées ou, pour reprendre son expression, "expliquées", et écrit :

"Je souhaite faire quelques remarques d'observation personnelle sur ce sujet de la réforme pénitentiaire. J'admettrai, pour commencer, que pour des raisons de protection de la société, la meilleure chose à faire après la pendaison d'un criminel est de le mettre en prison. à condition que vous le gardiez là ; mais si vous cherchez sa réforme , c'est la pire chose que vous puissiez faire avec lui. Les condamnés ne sont généralement pas des philosophes, ni des hommes de pensée pure ou de sentiments religieux profonds. Ils ne se suffisent pas tous à eux-mêmes, et c'est pour cette raison que l'emprisonnement n'a jamais eu, ne pourra jamais et n'aura jamais d'effet positif sur eux.

"J'ai connu des centaines d'hommes, jeunes et vieux, qui ont purgé une peine de prison. J'ai vu beaucoup d'entre eux devenir rusés en prison et, une fois libérés, employer leurs talents particuliers dans un autre secteur d'activité, plus sûr mais non moins dégradant. à eux-mêmes ; mais je n'ai jamais connu quelqu'un qui ait été rendu meilleur par *la discipline carcérale* ; ceux qui se sont réformés l'ont fait sous d'autres influences.

"Il peut s'agir d'une bonne ou d'une mauvaise prison, avec une discipline laxiste ou rigoureuse, mais l'effet, bien que différent, n'est jamais bon : il ne pourra jamais l'être. Le crime est plus ancien que les prisons. Selon les meilleurs récits, il a commencé dans le Jardin de Eden, mais Dieu, qui connaissait la nature humaine, au lieu d'enfermer Adam et Ève séparément, les chassa dans un monde où ils pourraient exercer leur esprit en se bousculant pour eux-mêmes. Depuis lors, il n'y a eu qu'un seul système qui a réformé un homme sans le tuer . , à savoir le transport.

"Ce système, au lieu de laisser un méchant homme en prison *pour se saturer de son propre poison* , l'envoyait dans un pays lointain où, dans des conditions nouvelles, et avec quelque chose à travailler et à espérer, il pourrait dissiper sans danger ce poison parmi les autres. nature sauvage. Il se peut qu'aucun autre système ne soit possible ; que le monde devienne trop densément peuplé pour permettre le transport ; ou que la société ne doit rien à celui qui a enfreint ses lois. J'écris ceci, non pas comme « un écho d'une Living Tomb", mais cela relève du bon sens." [13]

L'orgueil personnel, l'un des éléments mêmes de la nature de l'homme, l'empêchait de jamais se plaindre des difficultés individuelles ; mais le simple fait d'être enfermé, le manque d'air, d'espace, de liberté de mouvement et d'action, l'opprimait comme si les barres de fer pressaient réellement son esprit. Son seul objectif était de trouver un Léthé dans lequel il pourrait noyer sa mémoire et sa conscience de soi. Durant toutes les années de sa virilité, il ne semblait y avoir eu aucun endroit ensoleillé où la mémoire puisse trouver un lieu de repos.

Du début à la fin, sa mauvaise orientation dans la vie avait été une erreur si effroyable ; même dans sa propre branche, c'est un échec si lamentable. Son « art » vanté du cambriolage l'avait placé dans les rangs des meurtriers. Il avait méprisé la lâcheté et pourtant, à l'heure critique du destin d'autrui, il s'était révélé lâche. Et quand, par un abnégation totale, il avait cherché à réparer le tort, le sacrifice avait été vain.

Comprenant quelque chose du monde dans lequel il vivait, j'ai suggéré l'étude d'une nouvelle langue comme une occupation mentale exigeant une concentration sur une ligne entièrement déconnectée de son passé. Il adopta volontiers ma suggestion et commença l'étude de l'allemand ; mais c'était en vain : il ne pouvait s'échapper de lui-même.

Il avait réussi à garder un air si courageux dans ses lettres que j'ignorais que l'homme était complètement effondré jusqu'au matin de printemps, lorsque nous avons eu notre dernière entrevue.

Il y avait sur son visage l'expression indubitable de l'homme condamné : tant de mes prisonniers sont morts. Ses remords étaient comme un être vivant qui avait rongé sa vie – un véritable loup dans son sein. Il n'était plus impassible, mais se tordait d'agonie mentale. Il ne semblait pas savoir qu'il allait mourir ; il s'en fichait certainement. Sa seule pensée était pour Brett et pour le tort profond et irréparable que Brett avait subi à cause de lui. Quand j'ai dit cela, je pensais que le sort de l'innocent en prison n'était pas aussi terrible que celui du coupable, Shannon s'est exclamée : « Vous vous trompez. Je ne vois pas comment il est possible pour un homme injustement emprisonné de croire en quoi que ce soit. justice, humaine ou divine, ou dans n'importe quel Dieu d'en haut", et il a poursuivi avec un appel passionné en faveur des prisonniers innocents qui m'a laissé une profonde impression. Dans son être lui-même, il semblait expérimenter à la fois le sort de la victime innocente de l'injustice et celui du coupable soumis à un juste châtiment. Il parlait de son intense solitude spirituelle, que la sympathie humaine était impuissante à atteindre, et de combien il devrait être reconnaissant s'il pouvait trouver la lumière ou l'espoir dans n'importe quelle religion ; mais il ne pouvait croire en aucun Dieu de vérité ou de justice pendant que Brett était laissé en prison. Il est impossible d'imaginer une âme plus complètement désolée.

Ma lettre suivante de Shannon a été écrite depuis l'hôpital et exprime l'espoir d'être « à nouveau bien dans quelques jours » ; plus loin dans la lettre viennent ces mots :

"Je crois en une vie future. Sans cet espoir et son influence consolatrice, la vie ne vaudrait guère la peine d'être vécue. Je crois que tous les hommes qui sont morts, athées ou quoi qu'ils prétendent être, l'ont fait avec l'espoir plus ou moins les soutenir, de l'éveil à une vie future. Cet espoir est implanté par la nature universellement dans le sein humain et il n'est pas improbable de supposer qu'il a un sens.

Quelques semaines plus tard, j'ai reçu une ligne du directeur m'annonçant la mort d'Ellis Shannon, et de l'hôpital de la prison m'a été envoyé un petit volume de traductions de Socrate qui avait été le compagnon de Shannon dans ses derniers jours. Un bout de papier entre les feuilles marquait les réflexions de Socrate sur la mort et l'immortalité. Le rapport d'une des infirmières de l'hôpital était le suivant :

"Shannon souffrait de phtisie, mais il est mort de chagrin." Il n'est pas fréquent qu'on meure d'un cœur brisé en dehors des pages de fiction et de romance, mais les autorités médicales nous assurent que cela arrive parfois.

Jusqu'à présent, je n'avais jamais vu George Brett, mais après la mort de Shannon, nous avons eu une longue entrevue. Ce qui m'a d'abord frappé, c'est la similitude remarquable entre les voix de Brett et de Shannon, car l'identification supposée de la voix de Brett avec celle du cambrioleur avait été acceptée comme preuve au procès. Mon impression générale de cet homme était tout à fait favorable. Il était déprimé et découragé, mais réactif, franc et peu étudié dans tout ce qu'il disait. Lorsqu'il a mentionné l'homme abattu lors du cambriolage , je l'ai observé de près ; toute son attitude s'éclaira lorsqu'il dit :

"Eh bien, c'était l'un des meilleurs hommes du monde, un homme que les petits enfants adoraient. Il était bon avec tout le monde ."

"Et vous ne pourriez jamais parler de cet homme comme vous le faites maintenant si vous lui aviez ôté la vie", fut mon commentaire intérieur.

L'attitude de Brett envers Shannon était exempte de toute nuance de ressentiment, mais ce qui m'a le plus impressionné était que la conviction de Shannon selon laquelle la conviction injuste de Brett et ses propres efforts infructueux pour réparer le mal devaient empêcher Brett de croire en un Dieu juste ... en d'autres termes, la blessure la plus cruelle infligée à Brett était la blessure spirituelle. Cette croyance s'est avérée sans fondement. George Brett n'était pas un homme religieux, mais il voyait en Shannon que la vérité et l'honneur étaient plus que la vie, plus forts que l'instinct de conservation ; et il pouvait difficilement échapper à la croyance que la justice divine elle-même était la force motrice qui poussait Shannon à se confesser. Dans l'étrange action et interaction d'une vie sur l'autre, dans le résumé final de la relation de ces deux hommes, il semblait avoir été donné à Shannon de toucher aux sources les plus profondes de la vie spirituelle de Brett, de lui révéler quelque chose de les vérités éternelles de l'existence.

Et la vérité écrasée sur terre ressuscita ; car peu de temps après la mort de Shannon, au cours de la huitième année de son emprisonnement, George Brett fut gracié, avec la déclaration publique qu'il avait été reconnu coupable sur la base de preuves douteuses et que les aveux de Shannon avaient été acceptés comme preuve de son innocence.

Aucune compensation adéquate ne pourra jamais être accordée à celui qui a subi un emprisonnement injuste, mais il y a déjà des indications de l'aube d'un lendemain où l'État, en toute honnêteté, se sentira obligé de verser au moins une compensation financière à ceux qui ont été les victimes d'une telle injustice.

NOTES DE BAS DE PAGE :

[12] Le crime a été commis après minuit à l'Halloween.

[13] Cette lettre a été écrite il y a vingt-cinq ans. La logique de l'argumentation de Shannon est incontestablement valable. La futilité de l'emprisonnement en tant qu'agent réformateur est désormais largement reconnue. Mais mieux que le transport, le système de libération conditionnelle des hommes après condamnation reçoit désormais un accueil favorable, voire une adoption provisoire, dans de nombreux États.

CHAPITRE XII

Il y a un autre chapitre de mon expérience avec les prisonniers ; c'est l'histoire de ce qu'ils ont fait pour moi, car ils ont maintenu un équilibre très égal entre nous. J'ai une étrange collection de souvenirs et de souvenirs, mais, aussi incongrus que soient les différents articles, un fil les relie tous ; depuis la paire de petites mitaines grossières et trapues évoquant la main d'un garçon de six ans de la campagne jusqu'au flacon de verre vénitien rare aux tons orientaux ternes chers à l'âme esthétique ; du hamac qui se balance sous les érables au petit cœur en onyx délicatement veiné, conçu pour être porté en pendentif.

Les mitaines venaient de Jackson Currant, une âme amicale qui déroulait la seule paire de mitaines qui lui était accordée pour l'hiver, parvenait à s'emparer d'un morceau de fil de fer avec lequel il façonnait un crochet et, le soir, dans sa cellule, il me crochetait une paire de mitaines. Mitaines. C'étaient de drôles de petites choses, mais un vrai cadeau, car ce prisonnier s'est pris et m'a donné la seule chose qu'il avait à donner.

Un autre cadeau qui m'a touché est venu d'un vieux trappeur des Rocheuses, alors prisonnier à vie. Son bien le plus précieux était un exemplaire de « Une journée à Athènes avec Socrate », que lui avait envoyé le traducteur. Après avoir gardé le précieux livre pendant trois ans et appris son contenu par cœur, il me l'a envoyé comme cadeau d'anniversaire et je l'ai trouvé parmi d'autres cadeaux d'anniversaire un matin de février. Ensuite, il y a la boîte cerise qui contient ma papeterie, avec les initiales d'EA gravées sur la couverture ; EA, qui récupère son avenir de toute ombre de son passé. C'est EA qui m'a présenté à mon garçon gallois, Alfred Allen, et c'est Alfred qui a ouvert mon cœur à tous les orphelins de la rue de l'univers.

À bien des égards, ma vie a été enrichie par mes prisonniers. Les affiliations sociales les plus agréables, les influences intellectuelles les plus stimulantes et certaines des amitiés les plus chaleureuses de ma vie, par d'étranges enchaînements de circonstances, se sont développées à partir de mes intérêts en prison.

Presque n'importe quel ami peut nous faire des cadeaux matériels – le don de choses – l'ami qui élargit nos relations sociales ou élargit nos intérêts nous rend un bien meilleur service ; mais c'est à l'ami rare qui ouvre notre perception spirituelle que nous sommes le plus redevables. Car à travers les âges, on a cherché une preuve que l'homme est un être spirituel, une preuve que ce que nous appelons l'âme a son origine au-delà du domaine matériel ; le savoir de tous les temps n'a pas réussi à satisfaire cette quête ; et la richesse du monde ne peut acheter un seul fragment d'une telle preuve.

Et pourtant c'est à l'un de mes prisonniers que je dois le don d'une heure où l'esprit de l'homme semblait le seul fait vital de son existence, la seule chose hors d'atteinte de la mort ; et le temps a donné une valeur inestimable à cette heure.

J'ai rencontré James Wilson au cours de mes premières années en prison, et il m'a fallu longtemps avant de réaliser qu'en vertu d'une législation ultérieure, il aurait été classé parmi les criminels d'habitude. Je me suis souvent interrogé sur la puissance de sa personnalité ; cela devait être purement le résultat de qualités innées. Il était courageux, il était généreux, il était la loyauté même ; et ses sympathies étaient sensibles comme celles d'une femme. Il aurait été un soldat intrépide, un explorateur aventureux, un chevalier chevaleresque ; mais dans la confusion de la vie humaine, le garçon fut poussé sur la mauvaise voie et, ayant l'élan de la jeunesse et une forte vitalité, il se précipita imprudemment dans la voie d'un Robin des Bois ; vivant à une époque où ceux qui entrent en collision avec les forces sociales de l'ordre public sont qualifiés de criminels, sa carrière dans cette direction fut heureusement de courte durée.

Si Wilson n'avait pas été arrêté dans sa descente aux enfers, il n'aurait peut-être jamais pris possession du moi que je connaissais si bien, de ce vrai soi, enfin si clairement victorieux des circonstances adverses. Dans cette esquisse, je n'ai pas utilisé les lettres de Wilson ; ils étaient si purement personnels, si entièrement liés à sa vie intérieure, que les donner au public semblait une profanation.

Je ne peux donner qu'un seul aperçu de son enfance. Quand il était un tout petit garçon, il s'assit sur les genoux de son père et leva les yeux vers des yeux gris gentils et aimants. Le père est décédé et le fils s'est toujours souvenu de lui comme étant gentil et aimant.

La perte de son père a changé le cours de la vie de Wilson. La mère noua d'autres liens ; le garçon était un de trop et quitta complètement la maison dès qu'il fut assez vieux pour se débrouiller seul. Il est allé honnêtement travailler, là où tant de garçons de la vallée du Mississippi sont moralement ruinés – sur un bateau fluvial.

Au bout d'un moment, les choses ont commencé à aller mal avec lui. Je ne sais pas si la blessure était réelle ou imaginaire, mais le garçon se croyait blessé par méchanceté ; et dans la colère aveugle qui le suivit, il quitta la rivière, emportant avec lui l'argent qui appartenait à l'homme qui l'avait irrité. Wilson avait eu l'intention de régler le problème, d'équilibrer le mal avec le mal ; mais sa vengeance retombait sur lui-même et, à seize ans, il était voleur et fugitif. Avant que l'élan de ce mouvement moral ne soit épuisé , il était au pénitencier

: « l'un des hommes les plus vigoureux et les plus beaux de la prison, grand et magnifiquement bâti », disait un autre prisonnier qui le connaissait à cette époque.

À l'expiration de sa peine de trois ans, Wilson commença à travailler dans une imprimerie de Saint-Louis, ouvrant, croyait-il, un nouveau chapitre de sa vie. Il avait alors vingt ans.

Au cours de cette année-là, dans tout l'Ouest – si la région du Mississippi peut encore être appelée Ouest – il y eut de graves troubles du travail. Les hommes furent licenciés de toutes les branches d'emploi où ils pouvaient être épargnés ; et le jour vint où toutes les « nouvelles mains » de l'imprimerie où travaillait Wilson furent éteintes.

Wilson avait économisé une partie de ses revenus et, tant que son argent durait, il vivait honnêtement, cherchant un emploi, mais l'argent avait disparu avant qu'il ne trouve un emploi. Hors des villes, la campagne était envahie de vagabonds ; les tentations d'anarchie se multiplièrent ; la faim, le vol ou la mendicité semblaient la seule voie ouverte à beaucoup. Aucun n'est mort de faim ; il n'y avait guère de choix entre les autres alternatives. Les prisons et les prisons étaient bondées de détenus, dont certains se sentaient chanceux de pouvoir bénéficier de nourriture et d'un abri, même au prix de la liberté. "J'ai eu tellement de jours de faim et j'ai dormi par terre tellement de nuits que l'idée d'une prison me semble un peu comme chez moi", m'a-t-on fait remarquer. "Le monde me doit de vivre" était une pensée qui a été une tentation pour beaucoup d'hommes qui ne pouvaient pas trouver de travail honnête.

Après que Wilson eut été sans emploi pendant deux ou trois mois, une grande agitation se produisit près d'une petite ville située à cinquante milles de Saint-Louis. Des magasins avaient été cambriolés et des biens emportés, et une tentative désespérée avait été faite pour capturer les cambrioleurs, qui étaient censés se trouver dans les environs. Un homme qui s'était rendu près d'un cours d'eau a été arrêté et identifié comme appartenant à la bande. On lui a ordonné de trahir ses complices ; il a refusé catégoriquement. Le courage téméraire de sa nature une fois éveillé, « l'honneur » observé parmi les voleurs était sa voie inévitable. On apporta une corde, et Wilson fut conduit jusqu'à un arbre où l'histoire de sa vie se serait sans doute terminée si un cri de ceux qui cherchaient encore n'avait proclamé la découverte de la retraite de ses compagnons. Wilson et Davis, les deux dirigeants, ont été condamnés chacun à quatre ans de pénitencier.

Vaincu, déshonoré, sans le sou et sans amis, Wilson se retrouva de nouveau en prison ; cette fois sous la double honte d'être un homme de « second mandat », conscient d'avoir délibérément fait le choix du crime. C'était un infidèle déclaré, et sa nature impétueuse et insoumise était en guerre contre la vie et le monde. Pendant deux ans, il vécut ainsi ; puis sa santé commença à se détériorer sous la pression du travail et de l'emprisonnement.

Avec la perte de force, son cœur devint plus dur et plus désespéré. Un jour, son ancienne imprudence éclata en révolte ouverte contre l'autorité pénitentiaire. Il fut puni en étant envoyé au « solitaire », où la température en été est bien inférieure à celle des magasins où travaillent les hommes ; il a pris froid, il en a résulté une hémorragie pulmonaire et il a été envoyé à l'hôpital de la prison.

C'est là, un dimanche matin, deux mois plus tard, que j'ai rencontré Wilson pour la première fois. Je pense que c'est le regard des yeux gris foncé sous les longs cils noirs qui m'a d'abord attiré. Mais c'est l'expression du visage, la courtoisie calme et digne des manières et la déclaration franche de son histoire qui ont fait l'impression la plus profonde. Il m'a donné simplement et brièvement les grandes lignes de son passé ; et il parlait avec une amertume profonde et concentrée de la vie écrasante et terrible en prison. Sa solitude inavouée – il avait perdu toute trace de sa mère – et sa maladie, presque ignorée mais évidente, appelaient ma sympathie et me poussaient à lui proposer de lui écrire. Il pensait que ce serait un plaisir de recevoir des lettres, mais m'a assuré qu'il ne pourrait rien écrire qui vaille la peine d'être lu en retour.

Longtemps après, je lui ai demandé ce qui l'avait poussé à répondre si franchement et si sincèrement à mes questions. Sa réponse fut : « Parce que je savais que si je vous mentais, il vous serait plus difficile de croire le prochain homme à qui vous parleriez et qui pourrait vous dire la vérité. » Pendant tout ce dimanche après-midi et cette soirée, Wilson resta dans mes pensées, et le lendemain après-midi – Halloween, en fait – me retrouva à l'hôpital. Je m'arrêtai quelques instants au chevet d'un jeune prisonnier rougissant d'une fièvre trépidante et follement rebelle à l'idée de mourir en prison : il vécut pour mourir en honnête homme, en liberté, dans l'habit d'un être civilisé et non dans le costume barbare ressemblant à un zèbre alors porté en prison. Je restai plus longtemps à côté du lit d'un homme qui purgeait une peine de réclusion à perpétuité pour un crime dont il était innocent. Après douze ans, son innocence fut prouvée ; il fut relâché infirme, sans aucun moyen de subsistance, sauf par des mains privées de leur capacité de travailler. L'État ne répare pas un tort indicible, bien plus cruel que la mort.

Quand je me suis retourné pour chercher Wilson, il était assis à l'écart des autres hommes, avec une chaise vide à côté de lui. Le rejoignant près de cette fenêtre ouest, inondée de la lumière dorée d'un coucher de soleil d'automne, je pris le siège vacant qui m'était destiné ; et l'heure qui a suivi a tellement influencé l'avenir de Wilson qu'il a adopté ce jour – Halloween – comme son anniversaire. Il connaissait l'année mais pas le mois de sa naissance.

Je n'ai pas le moindre souvenir de ce que j'ai dit alors que nous étions assis près de la fenêtre. Mais même maintenant, je peux voir le visage de Wilson alors qu'il écoutait avec une attention silencieuse, sans croiser mon regard. Je pense avoir parlé de sa responsabilité personnelle dans la vie qu'il a vécue. Je suis certain que je n'ai rien dit sur les jurons et que je n'ai demandé aucune promesse.

Mais des pensées qui n'étaient pas dans mon esprit lui furent suggérées. Car quand j'eus fini de parler, il leva les yeux et me regarda attentivement il dit : « Je ne peux pas promettre d'être chrétien ; ma vie a été trop mauvaise pour cela ; mais je veux te promettre que je renoncerai à jurer. et essayez d'avoir des pensées pures. Je peux vous le promettre, parce que ces choses dépendent de mon propre pouvoir ; mais il y a trop de méchanceté entre moi et Dieu pour que je sois jamais chrétien.

Sa seule possession était le royaume de ses pensées ; sans réserve, il fut offert à son amie, et avec la certitude qu'elle l'apprécierait.

Ce fut une surprise lorsque j'ai reçu la première lettre de Wilson de voir l'écriture informe et l'orthographe incertaine ; mais l'esprit de l'homme pouvait être retracé, même par un médium inadéquat. Avec sérieux et simplicité , il cherchait à tenir sa promesse, découvrant, comme il le devait inévitablement, qu'il s'était engagé à faire plus que sa promesse. Il ne fallut pas longtemps avant qu'il écrive qu'il avait commencé une nouvelle vie « pour vous et pour le mien ». Ses « pensées » lui causaient de gros problèmes, car les anciens canaux étaient toujours ouverts et l'esprit de son compagnon de cellule était imprégné de méchanceté. Mais il a tiré le meilleur parti de la situation et, au lieu de chercher à conjurer le mal, il a choisi de partager ses meilleures pensées avec son compagnon de cellule, sur lequel il a acquis une forte influence. Il cherchait résolument à vaincre le mal par le bien. Très lentement, sa confiance en lui grandit ; et sa grande inquiétude semblait être de peur que je ne le pense meilleur qu'il ne l'était.

Comme toutes les personnes atteintes de tuberculose, Wilson avait bon espoir de guérir ; et comme il retournait travailler dans l'un des magasins le lendemain de mon départ et qu'il écrivait toujours avec espoir, je tenais pour acquis que sa santé s'améliorait.

Six mois seulement se sont écoulés avant que nous nous revoyions, et je n'étais absolument pas préparé au changement surprenant dans l'apparence de Wilson. Sa toux et son essoufflement étaient pénibles. Mais le pauvre garçon était si heureux de me voir qu'il essayait de mettre complètement de côté sa propre condition.

Nous avons eu une longue conversation au crépuscule de cette belle soirée de mai, et nous étions de nouveau assis près d'une fenêtre par laquelle entraient la lumière et les bruits du printemps. J'appris alors combien la vie était dure pour ce mourant. Il était toujours soumis à la stricte discipline de la prison la plus strictement disciplinée du pays : obligé de se lever à cinq heures du matin et de procéder aux préparatifs rapides mais précis de la journée exigés des hommes en bonne santé. Il était soumis au tarif grossier de la prison, obligé de marcher à bout de souffle au pas rapide de la bande d'hommes forts avec lesquels il travaillait et restait au travail dans le magasin pendant de longues journées. La tension exercée sur les nerfs, la volonté et la force physique n'a jamais été relâchée.

Il m'a dit ces choses, et elles étaient toutes vraies ; mais il m'a aussi dit de meilleures choses, pas si difficiles à savoir pour moi. Il m'a raconté l'histoire de ses luttes morales et de ses victoires. Il me fit part du « réconfort » que mes lettres lui avaient apporté ; tout son cœur m'a été ouvert dans la foi que je le comprendrais et le croirais. C'est alors qu'il m'a dit qu'il essayait de vivre selon certains vers qu'il avait appris ; et en réponse à ma demande, avec hésitation et le souffle coupé encore plus par l'embarras, il répéta ces lignes :

"Je me tiens sur la montagne de Dieu,

    Avec de la joie dans mon âme,

J'entends les tempêtes dans la vallée en dessous...

    J'entends le tonnerre rouler.

"Mais je suis calme avec Toi, mon Dieu,

    Sous ces cieux glorieux,

Et à la hauteur sur laquelle je me tiens

    Aucune tempête ni nuage ne peut se lever. »

Il était totalement inconscient du fait qu'il y avait quelque chose d'inhabituel à ce qu'il s'élève des profondeurs du péché, de la misère et de la dégradation jusqu'aux hauteurs spirituelles de la lumière éternelle. Il se reprochait plutôt d'avoir quitté la vallée du repentir, semblant avoir le sentiment d'avoir échappé à une souffrance morale méritée ; bien qu'il ait admis : « La nuit qui a suivi votre départ en octobre, quand je suis retourné dans ma cellule, les larmes coulaient sur mon visage – si cela pouvait être appelé repentir.

À la fin de notre entretien, alors que Wilson sortait, il croisa un autre prisonnier alors qu'il venait me voir.

"Connaissez-vous Wilson?" » fut le salut de Newton alors qu'il s'approchait de moi.

" Connaissez- *vous* Wilson?" était ma question en réponse.

Newton s'était offusqué de quelque chose dans une de mes lettres et c'était pour faire la paix avec lui que j'avais prévu cet entretien, mais tout malentendu s'est complètement évaporé dans nos regrets et nos inquiétudes communs à l'égard de Wilson ; car mon sentiment était entièrement partagé par cet homme qui... eh bien, il *était* assez endurci sur tous les autres sujets. Mais ici la corde sensible de la tendresse a été touchée ; et toute sa dureté et son ressentiment se fondirent dans le soulagement de trouver quelqu'un qui ressentait les mêmes sentiments que lui sur le sujet qui lui tenait le plus à cœur.

"J'ai travaillé aux côtés de Wilson dans le magasin pendant deux ans et je n'ai jamais aimé aucun homme comme j'ai appris à l'aimer", a-t-il déclaré. "Et cela a été si terrible de le voir mourir à petits pas et continuer à travailler alors qu'il pouvait à peine se tenir debout." L'homme parlait avec une forte émotion ; les profondeurs mêmes de sa nature étaient émues. Il m'a raconté toute cette amitié qui s'était développée malgré le fait que la conversation entre détenus était censée se limiter aux communications nécessaires en rapport avec le travail. Côte à côte, ils avaient travaillé dans l'atelier et, lorsque les forces de Wilson faiblissaient, Newton parvint à l'aider. Les éloges et l'affection de Newton comptaient vraiment pour quelque chose, car il était un homme aigri avec peu de confiance dans la nature humaine. Il a dit que dans toute sa vie, rien n'avait été plus dur que de voir son ami sombrer sous son sort, alors *qu'il* était impuissant à intervenir. Newton et moi étions cependant rassurés par le fait que la phrase de Wilson touchait à sa fin. En justice envers les autorités de la prison où ces hommes étaient incarcérés , je tiens à déclarer que les prisonniers mourants étaient généralement envoyés à l'hôpital. Le cas de Wilson était un cas exceptionnel et difficile.

Début juillet, Wilson a été libéré de prison. Lorsqu'il atteignit Chicago, sa faiblesse évidente attira l'attention d'un passant, qui engagea un garçon pour porter son paquet et l'accompagner jusqu'à sa destination. Il avait décidé d'essayer de subvenir à ses besoins, croyant que la liberté apporterait une force accrue ; mais il était trop malade pour travailler. Le médecin qu'il consulta lui parla de manière encourageante, mais insista sur la nécessité du repos et de l'air du Minnesota. Je lui ai donc envoyé un laissez-passer pour Minneapolis, et le trajet passait par ma propre maison.

La vie était dure pour Wilson, mais elle lui a donné un jour de bonheur en dehors de la pauvreté ou du crime, lorsqu'il s'est senti un invité bienvenu dans la maison d'un ami. Lorsque son train est arrivé de Chicago , j'étais à la gare pour le rencontrer et avant de rentrer chez moi, nous avons appelé mon médecin pour que je sache à quoi m'attendre. Le médecin a fait l'éloge du plan pour le climat du Minnesota et a parlé de manière encourageante à Wilson, mais en privé, il m'a donné le décret : « Aucun espoir ».

Wilson a passé le reste de la journée dans la bibliothèque de chez moi et tout l'après-midi il a souri. Mon visage reflétait ses sourires, mais je ne pouvais pas oublier l'ombre de la mort en arrière-plan. Nous avons parlé de beaucoup de choses cet après-midi-là ; l'étendue et la justesse de ses opinions sur les questions carcérales, la manière impersonnelle avec laquelle il était capable d'envisager le sujet, m'ont surpris, car son expérience individuelle avait été exceptionnellement sévère.

Quand la lassitude est apparue dans ses yeux et dans sa voix, je lui ai proposé un peu de musique. La musique plus gaie ne l'attirait pas tellement, mais je n'oublierai jamais le plaisir de l'homme pour les cadences douces et reposantes de Mendelssohn. Après qu'un simple thé ait été servi à Wilson dans la bibliothèque, nous sommes partis en voiture à la campagne, où l'invalide a profité de la belle vue sur les collines et les vallées enveloppées dans la lueur du coucher de soleil d'été ; puis je l'ai laissé pour la nuit dans un hôtel confortable.

Le lendemain matin, Wilson était radieux de bonheur, malgré « une dure nuit » ; et c'était l'un des jours où l'été fait de son mieux pour nous garder amoureux de la vie. Nous passâmes toute la matinée sous un grand érable, avec des oiseaux dans les branches et un ciel bleu au-dessus, Wilson s'abandonnant à la simple joie de vivre et de se reposer. Wilson était un bel homme vêtu d'une tenue de citoyen, ses traits réguliers étant raffinés et spiritualisés par la maladie.

Il y avait des préparatifs à faire pour Minnesota et la valise à remballer, et quelle valeur Wilson accordait aux différents articles que j'avais rédigés ! Je pense que c'était le pain de savon parfumé - évidemment un luxe - qui lui plaisait le plus, mais il s'intéressait à tout et son cœur était réchauffé par la gentillesse cordiale de ma mère, qui ajoutait sa propre contribution à son futur confort. . Son seul regret était de n'avoir rien à nous donner en retour.

Mais le temps tournait et la matinée passa trop rapidement, comme le font toujours les heures des journées à lettres rouges, et l'après-midi marqua la séparation dans le train pour Minneapolis. Wilson s'attarda à côté de moi pendant qu'il en était temps, puis me regardant gravement dans les yeux, il dit : « Au revoir, j'espère que nous nous reverrons… *de ce côté-ci* . Un instant plus tard, le train en marche l'emportait vers le nord, ce qui signifiait pour lui l'espoir de la santé.

Épuisé par le voyage jusqu'à Minneapolis, il demanda aussitôt son admission dans un hôpital catholique, et je le laisse ici parler de lui-même, à travers la première lettre que j'ai reçue après son départ.

" CHER AMI :

"Je suis maintenant à l'hôpital et j'ai tellement sommeil quand j'essaie d'écrire que j'ai demandé à l'une des sœurs d'écrire pour moi.

"Je me sentais assez faible quand je suis arrivé ici, mais maintenant je prends du thé au bœuf et je me sens tellement plus fort que je pense que j'irai beaucoup mieux d'ici la fin de ce mois.

"La Mère Supérieure est très gentille et m'appelle son garçon et pense qu'elle me retrouvera bientôt en bonne santé. J'ai une belle chambre pour moi seul et je me sens très heureuse en profitant du bel air frais du fleuve Mississippi, qui coule tout près de moi.

"Cher ami, j'aimerais que tu sois ici pour profiter de quelques jours et voir à quel point je suis heureux."

Et griffonnés ci-dessous, d'une écriture faible mais familière, se trouvaient les mots :

"J'ai essayé d'écrire, mais j'ai échoué."

Sous l'influence des sœurs, Wilson fut ramené à l'église dans laquelle il avait été baptisé et, bien qu'il n'acceptât pas ses limites , il trouva un grand réconfort dans le sentiment de protection qu'elle lui procurait. Le repos, les soins infirmiers et l'air magique du Minnesota ont apporté une telle amélioration à sa santé qu'avant plusieurs semaines, Wilson a quitté l'hôpital.

Après une courte période de travail en plein air, au cours de laquelle il testa ses forces, il entra dans une imprimerie où, pendant un mois, il se sentit un homme parmi les hommes. Mais c'était une mesure trop ambitieuse et peu judicieuse : le confinement et l'air confiné du bureau étaient plus que ce qu'il pouvait supporter, et c'est avec grand regret qu'il a abandonné la situation.

L'hiver s'installait et il ne trouvait aucun travail qu'il pouvait faire, et pourtant il se croyait trop bien pour demander à nouveau d'être admis à l'hôpital. Les perspectives de la vie s'assombrirent, car il ne semblait y avoir de place pour lui nulle part. Il ne m'a pas écrit pendant cette période d'incertitude, et un jour, après avoir passé trois nuits dans une gare, en dernier recours, il a demandé à être envoyé au commissariat et y a été reçu ; par la suite, il n'a pas pu facilement être admis à l'hôpital.

Les foyers des comtés de l'Ouest étaient à cette époque des endroits difficiles ; à certains égards , l'existence y était plus difficile qu'en prison, où la contrainte et la discipline constituent dans une certaine mesure une protection, assurant à l'homme la possession tranquille de sa vie intérieure et de ses pensées, du moins pendant les heures de travail. La vie sans cesse envahissante du foyer, avec le manque de discipline et les rapports sexuels effrénés des détenus, avec l'oisiveté et la saleté, est bien plus démoralisante ; le crime lui-même ne sape pas le respect de soi comme le fait d'être un pauvre oisif parmi les pauvres. Tout cela se lisait entre les lignes des lettres de Wilson.

Et maintenant, une nouvelle peur s'emparait de lui. Tous ses espoirs et ambitions étaient centrés sur le désir d'être bon pour cette vie. Il avait constamment exclu la pensée de la mort comme étant la seule chose qui l'empêcherait de réaliser ce désir. La nature et la jeunesse s'accrochaient passionnément à la vie, et toute la force de sa volonté était déployée pour résister à l'avancée de la maladie. Mais jour après jour, la prise de conscience que la vie lui échappait s'imposait plus profondément dans sa conscience ; même pour le moment, le décourageant moralement. Ses hautes résolutions semblaient inutiles. Tout cela ne servait à rien. Il doit mourir pauvre, sans aucune chance de retrouver sa virilité perdue ; la vie semblait en effet un échec désespéré. J'avais fourni à Wilson du papier et des enveloppes, timbrées et adressées, afin de ne jamais manquer d'avoir de ses nouvelles directement ou par l'intermédiaire d'autrui ; mais il s'est écoulé un intervalle de plusieurs semaines pendant lequel je n'ai rien entendu, bien que j'écrivais régulièrement. Perplexe, mais aussi anxieux, dans ma détermination à briser le silence à tout prix, j'écrivis une lettre quelque peu péremptoire. La réponse est arrivée par retour de courrier, mais c'est le gardien de la maison du comté qui a écrit que Wilson avait écrit régulièrement et qu'il était très mécontent de ma dernière lettre, ajoutant :

"Il dit que si cette pièce était remplie d' argent , cela ne le tenterait pas de négliger son meilleur ami ; et quand je lui ai dit que cette pièce était assez grande et qu'elle contiendrait beaucoup d'argent, il a dit que cela ne faisait aucune différence. "

Je ne pouvais pas accepter que Wilson meure à cet endroit et, lorsque les jours de printemps arrivèrent , il fut envoyé à Chicago, où son entrée dans un hôpital avait été organisée. C'était un après-midi d'avril lorsque je le trouvai dans l'une des salles principales de l'hôpital, une grande pièce inondée de soleil et d'air frais. Des jeunes femmes, charmantes dans leur uniforme de nourrice, aux mains habiles et douces, y étaient les esprits du ministère ; le génie qui présidait, une belle Philadelphienne dont la gracieuse tranquillité était en soi une bénédiction céleste pour les malades et les souffrants parmi lesquels elle vivait. Sur une table à côté du lit de Wilson, des arbousiers rampants remplissaient l'air de parfum et racontaient l'histoire du printemps.

Wilson était grandement modifié ; mais son visage rayonnait de la joie de notre rencontre. Depuis des semaines, il n'avait pas pu m'écrire ses pensées ou ses sentiments, et je ne sais pas quand ce changement s'est produit. Mais il était clairement évident qu'à mesure que la mort approchait, il s'était tourné vers elle ; et avait découvert, comme tant d'autres, que la mort ne semblait plus une ennemie et la fin de toutes choses, mais une amie qui ouvrait la voie à une vie plus épanouie ; il a supposé que je comprenais tout cela ; il aurait eu du mal à l'exprimer avec des mots ; mais il avait beaucoup à me dire sur tout son entourage et souhaitait partager avec moi les amitiés qu'il avait nouées à l'hôpital ; et j'étais intéressé par la façon dont la *qualité de la nature de cet homme* s'était fait sentir tant auprès des infirmières que des patients.

Un des malades qui venaient de sortir vint au chevet de son lit pour lui dire au revoir ; Wilson lui saisit la main et, en quelques mots sérieux, lui rappela les promesses faites lors d'une conversation précédente. D'une voix brisée, l'homme renouvela ses promesses et partit les yeux pleins de larmes. Il ne put prononcer les adieux qu'il était venu lui faire.

A la fin de ma visite, Wilson a insisté pour me donner la plus belle grappe de son arbousier ; tandis que Miss Alden, la Philadelphienne, sanctionnait avec un sourire le partage de son cadeau avec une autre.

Tandis que Miss Alden m'accompagnait jusqu'à la porte, elle me parla de son profond intérêt pour Wilson, ainsi que du respect et de l'affection qu'il avait gagnés de la part de tous ceux qui étaient entrés en contact avec lui. "Les infirmières considèrent que c'est un plaisir de faire n'importe quoi pour quelqu'un qui demande si peu et est si reconnaissant", a-t-elle déclaré. Tout en sachant qu'il avait été en prison, Miss Alden fut surprise d'apprendre que Wilson n'était pas un homme instruit. Son usage de l'anglais, le ton général de ses pensées et de ses conversations l'avaient classé comme un homme familier avec la bonne littérature et les associations raffinées. Elle aussi avait senti en lui une certaine force spirituelle et était touchée par sa fidélité à mon égard, qui ne semblait jamais obscurcie par sa gratitude envers les autres. Elle croyait que seule la force de son désir de me revoir l'avait retenu dans ce monde la semaine précédente.

Le lendemain matin, Wilson était visiblement plus faible ; l'animation provoquée par l'excitation de me voir la veille avait disparu ; mais la paix et la force spirituelles qui lui étaient parvenues étaient d'autant plus évidentes.

Sous sa dictée, j'écrivis un dernier message à Newton, ainsi que des instructions quant à la disposition de ses vêtements, à remettre aux patients dont il avait découvert les besoins. Il a exprimé le souhait de laisser quelques petits souvenirs à chacune des infirmières ; il y en avait six à qui il se sentait particulièrement redevable. Il y avait Miss Stevens, « qui a été si gentille la nuit » ; chacune avait ses droits particuliers, et j'ai promis que chacun recevrait un témoignage de sa gratitude.

Ensuite, il parla de la nouvelle vie qui s'offrait à lui avec autant de naturel et de facilité qu'il parlait de l'hôpital. Il semblait déjà avoir franchi la frontière de la nouvelle vie. Son cœur avait trouvé sa demeure en Dieu ; là, il pouvait se donner sans réserve. La vie et l'éternité étaient volontiers offertes à Celui en qui il avait une parfaite confiance.

"Dis-moi," dis-je, "que penses-tu du ciel, maintenant qu'il est si proche ? Qu'attends-tu ?"

Comme sa réponse était pleine de courage, de confiance et d'honnêteté ! "Je n'attends pas le bonheur, du moins pas tout de suite. Dieu est trop juste pour cela, après la vie que j'ai vécue." L'emprisonnement, la maladie, la pauvreté, tous les maux que nous redoutons le plus, étaient endurés depuis des années, mais ne comptaient pour lui que pour rien au regard de sa vie ruinée. Mais l'idée de souffrir ne lui faisait pas peur. La justice de Dieu lui était plus chère que le bonheur personnel. J'ai laissé ce sentiment intact. Il était plus proche que moi de la lumière du jour parfait, et je pouvais voir que, inconsciemment, il avait cessé de se tourner vers qui que ce soit « de ce côté-ci » pour obtenir de la lumière.

Wilson dormait quand je le revis, mais le changement rapide qui s'était produit était évident au premier coup d'œil. Lorsqu'il ouvrit les yeux et me vit debout à côté de lui , il me regarda silencieusement pendant un moment. Avec un effort, il rassembla des forces pour ce qu'il souhaitait évidemment dire ; et toute la gratitude et l'affection qu'il n'avait jamais tenté de m'exprimer directement auparavant se révélèrent en quelques mots simples. Il n'aurait pas d'au revoir ; la perte de l'amitié suprême de sa vie ne faisait pas partie de son idée de la mort. Puis il parla de la vie plus vaste de l'humanité pour laquelle il avait appris à ressentir si profondément, et ses derniers mots furent : "Soyez pour les autres ce que vous avez été pour moi. Nous sommes tous frères et sœurs." La dernière pensée entre nous n'était pas celle d'une amitié exclusive et individuelle, mais celle de ce lien universel qui nous lie à tous.

Avant minuit, la vie terrestre s'était terminée, paisiblement et sans crainte. La tige de lys de Pâques que j'ai emportée le lendemain à l'hôpital a été placée dans les mains jointes lors du dernier sommeil, et Wilson a serré dans la mort le symbole de la vie nouvelle et de la pureté céleste.

Wilson était l'un des hommes derrière les barreaux ; mais c'est comme un homme parmi les hommes que je le pense ; et ses dernières paroles : « Nous sommes tous frères et sœurs », résument la vérité qui inspire tous les efforts du monde entier pour répondre à l'appel de ceux qui sont désolés ou opprimés, que le cri vienne des petits enfants de la mine. , l'atelier ou l'immeuble, ou de ceux qui sont en esclavage, à l'hôpital ou en prison.

CHAPITRE XIII

C'est dans les années 80 et 90 du siècle dernier que j'ai été le plus en contact avec la vie carcérale ; et c'est à cette époque que les hommes dont j'ai raconté les histoires et dont j'ai cité les lettres étaient derrière les barreaux. Pendant quarante ans ou plus, il n'y eut pas de changement radical dans les méthodes de discipline dans cette prison, mais les conditions matérielles s'améliorèrent quelque peu, les galons et les marches de verrouillage furent abandonnés et l'hygiène fut améliorée.

Cette institution était l'une des meilleures du pays et se situait sans aucun doute au-dessus de la moyenne à bien des égards. Tandis que les condamnés étaient soumis à des règles répressives et rigides, les gardes étaient soumis à des règles à peine moins strictes, aucun favoritisme n'était autorisé, aucune corruption n'était tolérée et les administrations successives étaient tout à fait honorables. Tandis que les différents gardiens se conformaient aux normes de discipline acceptées, il y eut de nombreux cas de gentillesse individuelle de la part des membres de l'administration, et aucune faveur que je demandais à un prisonnier ne fut jamais refusée.

Mais le XXe siècle a apporté une révolution complète dans les méthodes de traitement des condamnés. Cette révolution radicale bouleverse les coutumes centenaires, les théories anciennes et modernes. Il nous est apparu si soudainement que nous n'en avons pas encore saisi toute la signification, mais les causes qui y ont conduit ont travaillé silencieusement pendant de nombreuses années.

Depuis des siècles, l'individualité de l'être humain s'est confondue dans le terme criminel ; le criminel avait pratiquement cessé d'être un homme et n'était classé que selon son délit ; comme meurtrier, voleur, faussaire, pickpocket, etc. Au cours du XIXe siècle, le sort du condamné s'est progressivement atténué : les lois sont devenues plus flexibles, des efforts ont été faits pour assurer plus d'uniformité dans la durée des peines infligées, de nombreux États ont abandonné la le lock-step et les vêtements rayés, et le système de contrat cédait la place à d'autres emplois de condamnés. Alors que les prisons plus anciennes se dégradaient de façon indescriptible en raison de la décomposition des murs et de l'augmentation de la vermine, à mesure que de nouveaux pénitenciers étaient construits, plus de lumière, une meilleure ventilation, des cellules plus grandes et, dans l'ensemble, de meilleurs sanitaires étaient adoptés. Cependant, la théorie de Lombroso d'un type criminel distinct, marqué de caractéristiques physiques prononcées, était enseignée dans toutes nos universités et si généralement acceptée par le public que le criminel était considéré comme un type d'homme *différent* .

Les tribunaux faisaient un travail florissant en collectant tous leurs frais et en gardant nos prisons bien remplies, tandis que la discipline des condamnés était laissée aux autorités pénitentiaires, sans pratiquement aucune ingérence. Des congrès de prison ont eu lieu et on a beaucoup parlé du criminel, mais il n'était pas considéré comme un homme doté de sentiments humains et de droits de l'homme ; les méthodes de gestion ont été discutées, mais les châtiments inhumains sanctionnés par certains de ces mêmes gardiens n'ont jamais été mentionnés dans ces discussions. "Nous sommes aux commandes, tout va bien dans le monde des détenus", telle était l'impression donnée à l'étranger qui écoutait leurs discours.

Il ne fait aucun doute que nombre de ces gardiens de prison étaient des humanitaires dans l'âme et donnaient à leurs prisons une atmosphère particulière en raison de leurs caractéristiques personnelles, mais ils étaient tous victimes de la tradition en matière de traitement des détenus - tradition et précédent, ordre établi de la prison. gestion. Le gardien inexpérimenté qui s'en chargeait suivait naturellement les sentiers battus ; il étudiait la situation du point de vue de son prédécesseur, et la situation était, au mieux, difficile ; des innovations radicales ne pouvaient être réalisées qu'avec l'approbation des commissaires de prison, qui semblaient principalement intéressés par la prison en tant que proposition payante ; et il l'a payé selon un système de contrat abominable.

Ainsi , les années passèrent sans que les grands axes de la discipline pénitentiaire – la vie quotidienne des détenus – soient pratiquement inchangés. Le condamné n'était qu'une machine humaine devant travailler un certain nombre d'heures sans aucune incitation au bon travail au-delà de la crainte d'une punition. Aucune pensée n'a été donnée à sa préparation à une future citoyenneté. Chaque prison avait ses cellules disciplinaires, certaines souterraines, la plupart sombres, où les hommes étaient enfermés pendant des jours avec du pain et de l'eau, généralement enchaînés debout à la porte en fer de la cellule pendant les heures de travail, et la nuit dormant sur le sol en pierre. à moins qu'une pension ne soit fournie - la nourriture ne consistait que d'une maigre allocation de pain et d'eau. Des punitions de ce genre étaient infligées même pour des infractions légères aux règles, tandis que la flagellation, les « cures d'eau » et d'autres méthodes diaboliques étaient parfois utilisées. Dans les prisons de niveau supérieur, les mesures de répression les plus rigoureuses étaient appliquées et toutes les pulsions humaines naturelles étaient réprimées. Cela était considéré comme une « excellente discipline ».

Maintenant, quant aux résultats de ces châtiments sévères et de ces méthodes répressives rigides : les criminels ont-ils été réformés ? La société était-elle protégée ? Quels ont été les fruits de nos prisons et de nos maisons de correction ? J'ai sous les yeux des statistiques fiables et à jour provenant d'un État voisin sur le nombre d'hommes reconnus coupables d'une deuxième infraction après avoir purgé une peine de prison. La moyenne générale montre que sur cent hommes envoyés pour la première fois en prison, quarante, à leur libération, commettent un second crime. Ce pourcentage représente une bonne moyenne des résultats des méthodes pénitentiaires non progressistes actuelles. Mais alors que nos prisons étaient pratiquement à l'arrêt et que la criminalité augmentait, le monde bougeait, de nouvelles idées étaient dans l'air, destinées à être d'une importance non moins importante dans le développement humain que la maîtrise de l'électricité ne le prouve dans le monde matériel.

Il y a un vieux proverbe selon lequel tout travail et aucun jeu font de Jack un garçon ennuyeux. Il y a une quinzaine d'années, la vérité vitale contenue dans ce vieux dicton s'est soudainement cristallisée dans le mouvement des terrains de jeux. On exigeait avec insistance davantage de possibilités de loisirs, plus de variété dans les occupations mentales, plus d'air frais et de soleil. Non seulement des terrains de jeux ont été créés même au milieu de nos villes surpeuplées, mais des écoles en plein air ont vu le jour en Europe et gagnent en popularité dans ce pays où le climat le permet. L'athlétisme sous toutes ses formes gagne régulièrement en popularité. La liberté du corps, l'exercice de tous les muscles, sont non seulement prônés par les médecins mais sont devenus à la mode, jusqu'à ce que le golf soit désormais le grand passe-temps américain et que les bienfaits des loisirs physiques ne soient plus remis en question.

La reconnaissance moderne des droits et des revendications de l'individu a une influence encore plus considérable. Cette prise de conscience est si répandue qu'elle ne peut être centralisée dans aucun leadership personnel. C'est comme l'aube d'une grande lumière sur la vie du XXe siècle dans tous les pays civilisés, et elle affecte déjà l'existence dans d'innombrables directions.

Dans l'armée, le soldat ordinaire n'est plus considéré comme une simple machine à tirer, il est entraîné, entraîné et instruit pour se développer en tant qu'homme et en tant que soldat. Dans le traitement des aliénés, la contrainte physique est progressivement reléguée au passé ; le patient est considéré avant tout comme un être humain et non comme un simple cas. De plus en plus, les besoins individuels sont étudiés et les talents individuels mis en œuvre. Dans les écoles pour déficients mentaux, le fondement même des méthodes et des objectifs est de promouvoir le développement de l'individu, d'exploiter au maximum les rudiments de capacité que l'enfant peut posséder et de maintenir la lumière allumée constamment vers le normal plutôt que vers le anormal dans sa nature. Les médecins, les psychologues et les éducateurs se rendent compte de l'importance d'adapter les méthodes aux besoins de chaque individu.

L'étude des enfants – malheureusement, dans de nombreux cas, l'étude des manuels plutôt que celle de l'enfant vivant dans la famille, mais l'étude des enfants sous une forme ou une autre – prévaut parmi les mères d'aujourd'hui. La surdouée Madame Montessori, tant du point de vue scientifique qu'humanitaire, souligne l'importance de donner à l'enfant la liberté de s'exprimer. Dans le mouvement pour le droit de vote, nous avons une autre preuve du même élan vers la reconnaissance des droits individuels. Elle nous parvient de toutes parts, même du champ de bataille où l'infirmière de la Croix-Rouge ne voit ni ami ni ennemi, seulement un homme souffrant qui a besoin de ses soins.

Nous avons ici deux grandes forces : l'exigence impérative de la nature pour plus de liberté pour le corps, plus de soleil et d'air frais de Dieu ; et l'exigence encore plus impérative de l'esprit dans l'homme de reconnaissance et de libération. Les deux forces s'unissent dans une seule exigence : *Pro sanitate totius hominis* – pour la santé de l'homme tout entier.

Il y a une trentaine d'années, Richard Dugdale, un étudiant en sociologie au grand cœur et à l'esprit généreux, a eu le courage de déclarer que la grande erreur de la société dans le traitement des criminels a commencé avec l'enfermement d'un si grand nombre d'entre eux dans nos prisons, les asservissant pratiquement à la prison. l'État, les privant de toute récompense pour leur travail et soumettant souvent leurs familles aux impôts publics pour subvenir à leurs besoins ; même dans de nombreux cas, la punition incombe plus lourdement aux proches innocents qu'aux délinquants eux-mêmes. Il croyait cependant qu'il resterait un résidu de criminels pratiquement irrécupérables dont l'éloignement permanent de la société était nécessaire, mais que la vie de cette classe devrait être rendue aussi normale que possible. Richard Dugdale était un homme doté d'une perspicacité prophétique, avec une vision claire de toute la question de l'économie sociale – y compris des devoirs sociaux. Malheureusement, sa mort suivit peu après la publication de ses articles. Mais le temps est en train de réaliser ses rêves et de confirmer le bien-fondé de ses théories. Même du vivant de cet homme, des efforts spasmodiques ont été déployés pour placer les hommes en probation après une première infraction au lieu de les envoyer en prison.

Avec l'introduction des tribunaux pour mineurs au début du siècle actuel, cette idée a pris une forme pratique ; et le juge Lindsey, de Denver, a donné une telle impulsion au mouvement visant à sauver les jeunes délinquants de l'influence démoralisante des prisons et des maisons de correction que cet exemple a été suivi dans toutes les directions, et des milliers de garçons ont été sauvés de la vie criminelle. « Sauvons les garçons et les filles » s'adressait directement aux masses, et cette once de prévention a été approuvée avec peu d'opposition.

Mais lorsque l'extension du privilège de probation aux délinquants adultes — afin de réduire encore davantage la population carcérale — a été préconisée, le public s'est retenu, craignant le danger pour la société en permettant à ces contrevenants plus âgés d'échapper aux sanctions légales de leurs délits. Cependant, le courant de progrès n'a pas pu être endigué et la probation pour adultes a été légalisée dans de nombreux États. Les résultats ont été satisfaisants au-delà de toute attente, montrant en moyenne moins de cinq pour cent des hommes libérés sous probation revenant à la délinquance, contre quarante pour cent de réversions après une peine dans un pénitencier non progressiste.

Cette loi sur la probation des adultes confère au juge un pouvoir non pas obligatoire mais discrétionnaire, et le caractère du juge joue un rôle non moins important que celui du délinquant ; l'application de la loi est avant tout une relation d'homme à homme ; le juge injuste sera injuste encore, le juge timide évitera de prendre des risques ; c'est dans le côté humain même qui fait la force de ce cours que résident aussi ses limites.

Or, le fondement même du concept de probation est la reconnaissance du caractère individuel du délinquant et des circonstances qui ont conduit au crime. Mais à peine la loi sur la probation pour adultes était-elle en vigueur que les prétentions de l'individu venant d'une autre direction ont commencé à être reconnues. Curieusement, dans les procédures judiciaires contre des criminels, la partie lésée avait été entièrement ignorée — selon le vieux précédent anglais. Ce n'était pas le crime de l'homme contre l'homme, mais le crime de l'homme contre l'État, la violation d'une loi de l'État, qui était puni. Dans l'esprit du criminel, un crime contre l'État n'était qu'une abstraction vague et indéfinie, sauf dans le cas d'un meurtre peu susceptible de susciter des remords ou un sentiment de responsabilité envers la personne blessée. Si la personne lésée se vengeait , elle avait la satisfaction de savoir que le criminel était puni ; mais l'envoi du délinquant en prison le privait de toute possibilité de réparation.

Une chose intéressante commence à se produire lorsque le juge reçoit le pouvoir de mettre un homme en probation. Enfin , le préjudice causé à l'individu est pris en considération. Voici un exemple concret.

"Cinq mille dollars ont été détournés d'un théâtre de Los Angeles et dissipés dans la haute vie par un homme de vingt et un ans. Il a avoué et a reçu cette sentence du juge :

"'Vous resterez chez vous les nuits. Vous resterez dans les limites de ce comté. Vous ne jouerez pas au billard ou au billard, ne fréquenterez pas les cafés et ne boirez pas de boissons enivrantes, et vous vous mettrez immédiatement au travail et y continuerez jusqu'à ce que vous ayez remboursé chaque somme. dollar que vous avez volé. Violez ces conditions et vous irez en prison.'" [14]

Cette pratique consistant à faire de la restitution une des conditions de la probation se répand rapidement. Nous avons ici une méthode jusqu'ici inédite pour garantir une justice globale, fondée sur le bon sens, directement conforme également à une économie sociale saine. M. Morrison Swift a dit à juste titre à propos d'une peine de prison qu'elle "brise le courant entre l'homme et la vie, de sorte que lorsqu'il émerge, il est difficile de renouer des liens. Il a perdu son emploi et, trop souvent, sa santé, son courage, et le respect de soi sont altérés. Ces obstacles à la réforme sont balayés lorsqu'un homme conserve son lien avec la communauté en y travaillant comme n'importe qui d'autre.

Un autre facteur dans le système de probation est qu'il met le délinquant directement en contact avec une main amicale, directrice et secourable, le plaçant immédiatement sous de bonnes influences ; car il est du devoir de l'agent de probation d'assurer à sa charge un environnement propre à favoriser la réforme : il devient en effet le gardien de son frère.

Alors que les idées modernes ont ainsi été appliquées au sauvetage de l'individu avant qu'il ne soit identifié à la vie criminelle, l'invasion des mouvements récents dans le fief même du pénitencier lui-même a été encore plus marquante.

Le XXe siècle marque le début de la croisade contre la tuberculose. Médecins, philanthropes et législateurs se sont unis contre les terribles ravages de cet ennemi de la vie même du peuple. De généreux crédits ont été accordés par l'État pour guérir la maladie et tous les efforts ont été déployés pour retrouver les sources du mal. Et puis il s'est avéré que, pendant que l'État, de sa main gauche, établissait des colonies à l'extérieur pour le traitement de la tuberculose, de sa main droite, elle entretenait des laboratoires pour la culture des germes mortels et dispersait assidûment les graines dans les localités. là où ils seraient les plus fructueux. En d'autres termes, les murs mêmes de nos prisons étaient devenus des foyers d'infection. Le docteur JB Ransome, de l'État de New York, constate que de quarante à soixante pour cent des décès dans toutes les prisons sont dus à la tuberculose ; parfois, la mortalité atteint quatre-vingts pour cent. Il nous dit aussi qu'il y a aujourd'hui aux États-Unis vingt mille prisonniers tuberculeux, dont la plupart retourneront dans les quartiers encombrés et les immeubles étouffants où la maladie se propage le plus rapidement et avec la plus grande virulence. [15]

Il insiste de la plus haute importance *pour que les prisons infectées soient détruites* et que les condamnés puissent travailler en plein air lorsque cela est possible ; et que la lumière, l'air, l'exercice, une nourriture plus nourrissante et des conditions plus saines soient généralement substituées aux conditions propices à la maladie dans lesquelles les prisons ont toujours existé. Ainsi, au-delà de toute considération humanitaire, la santé publique exige des changements radicaux dans les prisons et dans la vie des détenus.

L'automobile, autocrate d'aujourd'hui, n'a guère l'esprit missionnaire ; mais il a impérieusement réclamé de bonnes routes dans tout le pays, et la législation autorisant maintenant le travail des condamnés sur les routes nationales ne répond pas seulement à cette demande, mais résout en partie le problème épineux de l'emploi des condamnés.

Dans quelle mesure les hommes responsables de la révolution dans la gestion des prisonniers ont-ils étudié ces tendances de l'époque, je ne le sais pas. La plupart de ces hommes ont sans doute mieux construit qu'ils ne le pensaient. Tous les vents du progrès, venant de toutes les directions, semblent se concentrer dans un seul souffle destiné à écrouler les murs de nos prisons comme on dit que les murs de Jéricho se sont effondrés sous le souffle des trompettes des armées du Seigneur. Il se peut même que les armées du Seigneur soient portées par ces vents de progrès.

L'introduction de ce mouvement de réforme exigeait des hommes dotés d'une force et d'une capacité exceptionnelles, et c'est précisément pour répondre à cette demande que de tels hommes se présentent au front. Les États-Unis ont déjà développé une remarquable lignée de capitaines d'industrie, mais des hommes non moins remarquables s'attaquent aujourd'hui à ce domaine humanitaire.

Le pionnier de la révolution de la gestion pénitentiaire n'était ni pénologue ni philanthrope. La première mesure a été prise à des fins purement pratiques. Il arriva, alors que le vingtième siècle venait tout juste de commencer, que M. John Cleghorne, directeur nouvellement nommé d'un pénitencier du Colorado, découvrit que l'État n'avait fourni ni cellules ni ateliers à l'intérieur de la prison pour le nombre de condamnés aux travaux forcés. Pour répondre à cette exigence, ce gardien décida de faire travailler un certain nombre d'hommes hors des murs, organisant un camp et mettant les hommes, alors en vêtements rayés, sur l'honneur de ne pas s'échapper. L'expérience fut tout à fait réussie ; mais si discrètement qu'il reçut peu d'attention en dehors des frontières de son propre État jusqu'à la nomination du directeur suivant, Thomas J. Tynan, qui reconnut le début d'une véritable réforme dans le traitement des condamnés et préconisa ouvertement des changements pour des raisons humanitaires. .

Si le Colorado a la priorité dans ce mouvement, un trait notable est l'expression presque simultanée de sentiments et d'idées pratiquement les mêmes dans des localités très éloignées les unes des autres, de la côte du Pacifique à l'Atlantique, et même sur les côtes de Panama. Naturellement, le mouvement a commencé en Occident, dans des États plus récents, moins entravés par des précédents que les États plus anciens, où les traditions de discipline pénitentiaire se transmettaient depuis deux siècles ; mais le moment était venu pour le changement et il a été réalisé grâce à des hommes, certains d'entre eux étant des pénologues de formation, d'autres des hommes d'affaires pratiques, mais tous unis dans la foi en la nature humaine et dans le même objectif de préparer les hommes sous leur juridiction pour le changement. une citoyenneté autonome et respectueuse des lois.

Les sceptiques quant aux effets de cette tendance libérale sur les détenus sont réduits au silence par la réaction étonnante des détenus dans chaque prison où le système de l'honneur a été appliqué. Cette réponse est incontestable : un esprit de confiance mutuelle remplace celui de suspicion et de découragement, et en supplantant le vieil antagonisme envers les autorités pénitentiaires par un sentiment chaleureux de coopération avec elles, on gagne un point inestimable en matière de discipline pénitentiaire. Nous entendons beaucoup parler ces jours-ci du pouvoir de la suggestion, et la suggestion, consciente et inconsciente, qui imprègne l'atmosphère même de ces prisons progressistes est porteuse d'espoir et utile.

Jamais auparavant dans l'histoire tragique des prisons une force spirituelle n'a été appliquée au contrôle des prisonniers ; et pourtant, d'un commun accord, la première mesure prise par ces gardiens progressistes est de placer les condamnés sur l'honneur : pas de chaînes ni de fers, pas de boulons et de barres, aucune forme de contrainte physique ; mais une force indéfinissable, impalpable, invisible, appliquée à l'esprit de ces hommes. En mettant cette force au service de leurs charges, ces gardiens ont en effet « attelé leur chariot à une étoile ».

NOTES DE BAS DE PAGE :

[14] Morrison I. Swift, *Atlantic Monthly*, août 1911.

[15] *Atlantic Monthly*, août 1911.

CHAPITRE XIV

Et le moment est venu, en 1913, où la vague de révolution dans les méthodes carcérales a frappé le pénitencier qui constituait l'arrière-plan des vies décrites dans ces pages. De toutes mes amitiés avec ces hommes, la prison selon les anciennes méthodes menaçait de planer, projetant son ombre sombre sur leur vie. Beaucoup d'entre eux moururent à l'intérieur des murs ; d'autres n'en sont sortis que pour mourir dans des hôpitaux de charité, ou pour entreprendre le combat de la vie avec une santé affaiblie et des capacités de résistance et d'endurance affaiblies. Presque comme un seul homme, ils m'avaient protégé de la réalisation de ce qu'ils enduraient dans les cellules disciplinaires – des conditions physiques réelles de la vie en prison ; mais j'en savais bien plus qu'ils ne le pensaient — autant que je pouvais supporter de le savoir — et dans nos entretiens nous comprîmes qu'il était inutile de discuter de maux que j'étais impuissant à aider ; et puis aussi, j'ai toujours essayé de faire de ces interviews des oasis dans le désert de leur vie. Mais sur mon propre cœur aussi, l'ombre de la prison s'étendait sur toutes ces années. Dans la mélodie lumineuse d'un matin de juin, la pensée soudaine de la prison s'écrasait avec une cruelle discorde ; parfois, tout ce qu'il y avait de plus brillant et de plus beau accentuait d'autant plus la tragédie de la vie en prison. Au plus profond de la surface de ma pensée, il y avait toujours la conscience de la prison ; mais, d'un autre côté, cette conscience constante faisait paraître les épreuves et les ennuis ordinaires inséparables de la vie humaine comme sans importance, faisant passer des nuages sur la lumière du soleil d'une existence plus heureuse ; et j'étais reconnaissant de pouvoir glaner dans mes propres heures heureuses un rayon de luminosité à déverser dans des vies complètement désolées. Je suis entré dans la vie carcérale de manière si absolue qu'aujourd'hui encore, cela constitue l'un des chapitres les plus marquants de mon expérience personnelle. Mon point de vue sur l'évolution de la situation carcérale ne peut donc pas être entièrement celui d'un étranger. *Je sais* ce que ce changement signifie pour les hommes à l'intérieur des murs ; car, en ce qui me concerne, j'ai moi aussi été prisonnier.

Un petit journal se trouve devant moi, le premier numéro d'un nouveau mensuel sorti derrière les barreaux de la prison que je connais si bien. Dans ses pages se reflète une nouvelle donne – la nouvelle donne qui se propage avec une force irrésistible d'un État à l'autre. La gratitude qui remplissait mon cœur était trop profonde pour être exprimée en mots alors que j'essayais de réaliser que le jour était enfin venu où les *prisonniers étaient reconnus comme des hommes* et que ce changement béni était survenu dans mon propre État. Je savais que c'était en route ; Je savais que les choses allaient dans la bonne direction ; J'avais même parlé avec le nouveau directeur de certains de ces changements ; mais ici c'était noir sur blanc, sur les signatures du directeur, de son adjoint, de deux aumôniers, du médecin de la prison et de plusieurs représentants des détenus eux-mêmes : tous témoignant du nouvel ordre des choses ; aux faits déjà accomplis et aux plans visant à améliorer les conditions existantes. Sur les quinze cents condamnés, cinquante sont employés depuis plusieurs mois sur les routes nationales, sous la surveillance de deux gardes non armés. Les cinquante hommes étaient des hommes d'honneur et aucun n'a trahi la foi. Deux cents hommes d'honneur supplémentaires seront envoyés de la même manière au cours de l'été 1914. Trois cents autres travailleront sur la ferme de la prison de mille acres, érigeant des bâtiments agricoles et cultivant des produits de jardin et de ferme pour la prison et le bétail, et retrouver la santé dans une vie pratiquement libre pendant les heures de travail.

Pour les hommes à l'intérieur des murs de la prison, la routine de la vie quotidienne est complètement modifiée. Ils ne mangent plus en silence, les yeux baissés ; la table est un lieu de rencontre des êtres humains où la conversation coule naturellement. La vie n'est plus une simple tournée de la cellule de prison au magasin, où les conversations et les mouvements de détente sont interdits ; et retour en marche silencieuse vers la cellule de prison, sans jamais une bouffée d'air frais sauf lors de la marche vers et depuis les magasins. Cette monotonie est désormais rompue par une heure de récréation quotidienne en plein air, donnée à tour de rôle aux compagnies d'hommes retirés des ateliers, où l'échange de remarques est désormais autorisé. Par beau temps, cette récréation prend la forme de jeux ou d'autres divertissements impliquant de l'exercice. "Tout est permis sauf le combat", telle est la permission libérale, et les loisirs par temps froid prennent la forme de marches.

D'octobre à mai, pendant cinq heures par jour, six jours par semaine, l'école fonctionne dans quatre salles séparées, les classes les plus élevées couvrant la huitième année de nos écoles publiques. Tout détenu peut s'absenter de son travail une heure par jour s'il désire fréquenter l'école et peut poursuivre ses études le soir dans sa cellule. Parmi les détenus se trouvent des enseignants compétents et aucun gardien n'est présent pendant les heures d'enseignement. Des dispositions sont désormais prises pour la correspondance pédagogique liée à l'université d'État.

Le temps consacré aux loisirs et à l'éducation n'a pas diminué le rendement des magasins ; au contraire, le nouvel esprit qui règne dans la prison a tellement stimulé les hommes, tellement éveillé leur ambition, qu'on fait plus et mieux de travail dans les magasins qu'auparavant. Le degré d'« efficacité industrielle » récemment introduit sert d'incitation supplémentaire à la compétence et à l'industrie et garantira une recommandation spéciale en matière d'efficacité lorsque les hommes seront libres de prendre leur propre place dans le monde.

Et ce n'est pas tout ; chaque prisonnier se voit, dans la mesure du possible, affecté à un travail pour lequel il est individuellement apte. Les hommes formés comme médecins sont transférés des magasins au personnel des assistants hospitaliers ; les hommes d'honneur qualifiés pour les postes où des préposés rémunérés étaient employés jusqu'à présent sont transférés à ces postes, réduisant ainsi les dépenses. Les hommes d'honneur possédant des facultés mécaniques sont autorisés, le soir, dans leurs cellules, à fabriquer des articles dont la vente leur rapporte un peu d'argent gagné indépendamment. Dans certains magasins de la prison, les ouvriers ont également droit à une part des bénéfices. L'objectif du directeur est d'utiliser autant que possible les talents individuels de ses pupilles, de donner à chaque homme toutes les chances possibles de gagner honnêtement sa vie à sa libération ; faire de la prison, comme il le dit, « une école de citoyenneté ». Dans chaque cellule est fournie une copie de la Constitution des États-Unis et de l'État dans lequel se trouve la prison, ainsi que des lois régissant les criminels. Des instructions supplémentaires relatives à la citoyenneté américaine sont données et sont particulièrement utiles aux étrangers.

Mais aussi utiles que soient tous ces changements de méthode, le véritable cœur du changement, la qualité vitale de transformation réside dans la relation personnelle du directeur avec ses pupilles. Lors de conférences tenues dans la chapelle de la prison, le directeur fait connaître ses vues et ses objectifs, parlant librement des affaires de la prison, s'efforçant d'inspirer aux hommes de hauts idéaux de conduite et d'assurer leur coopération intelligente et chaleureuse pour leur présent et leur avenir. C'est ici aussi que les hommes sont libres de faire connaître leurs problèmes en prison, sûrs de la sympathie du directeur pour les moyens d'adaptation. Le directeur se consacre corps et âme à son travail, ne perdant jamais de vue son objectif ultime de rétablir dans la société des citoyens respectueux des lois, mais ressentant également le besoin quotidien de ces prisonniers d'encouragement et de chaleureuse sympathie humaine .

M. Fielding-Hall, après de nombreuses années d'expérience pratique auprès des criminels, est parvenu à la conclusion que l'humanité et la compassion sont des conditions essentielles dans toute tentative de « guérir la maladie du crime », et que le pouvoir curatif de la sympathie est vieux comme le monde ; cela a commencé avec la mère qui, la première, a embrassé l'endroit pour le remettre en ordre ; et depuis ce jour jusqu'à aujourd'hui, la limite du pouvoir de la sympathie n'a jamais été dépassée, lorsque la sympathie ne peut pas s'évaporer en tant qu'émotion, mais, durcie en motif, devient un levier pour relever ceux qui sont tombés.

C'est en grande partie grâce à la sympathie du directeur actuel que la lumière et l'air sont entrés dans l'atmosphère morale et mentale de cette prison. Dans la nature des hommes, des qualités jusqu'alors dormantes et non découvertes sont apparues à la surface et sont ascendantes, éveillées par l'appel du gardien à leur virilité ; et l'enthousiasme du directeur est l'étincelle qui a touché l'esprit des fonctionnaires subalternes et a fusionné à l'unisson toute l'administration. Et le directeur a de la chance grâce à la combinaison d'hommes qui travaillent avec lui. Son adjoint, le responsable de la discipline du lieu, a servi pendant vingt-cinq ans dans la police de Chicago, poste directement opposé au crime et offrant pourtant une opportunité exceptionnelle pour l'étude des criminels. Fidèle à ses couleurs de protecteur de la société, il estime désormais que la meilleure protection de la société passe par la réhabilitation de ceux qui ont enfreint ses lois ; il croit que le véritable disciplinaire n'est pas celui qui punit le plus sévèrement mais celui qui entraîne ses protégés à s'associer avec lui au maintien de l'ordre public au sein de leur petite communauté ; et il a déjà réduit le nombre de sanctions pour violation des règles à peine plus d'un dixième des moyennes antérieures ; et l'entrave des hommes dans les cellules disciplinaires est abolie.

Le médecin de la prison est un homme moderne, entièrement en accord avec les vues du directeur, et doté d'un équipement hospitalier admirable où un excellent travail chirurgical est effectué lorsque cela est nécessaire. Les deux aumôniers ont un champ missionnaire des plus grandes opportunités, où une amitié sympathique pour le prisonnier pendant six jours de la semaine devient la route du cœur le septième.

Les visages des prisonniers témoignent des influences vivifiantes à l'œuvre parmi eux ; l'apathie abattue a fait place à une expression d'intérêt joyeux et la pâleur de la prison à une couleur saine. Et les anciennes prisons – tombeaux vivants de centaines d'hommes – sont elles-mêmes désormais condamnées. Dans la ferme adjacente, les prisonniers construiront éventuellement de nouveaux quartiers, soit une prison moderne dans laquelle auront accès la lumière du soleil de Dieu et l'air libre du ciel, soit, mieux encore, un village-prison, une communauté dans des bâtiments isolés, selon le plan qui a été conçu. s'est avéré si satisfaisant dans d'autres institutions de l'État.

Et qu'en est-il des femmes envoyées en prison dans cet État ? Depuis quinze ans et plus, ils sont hébergés dans une institution distincte. Cela n'a jamais été un lieu de dégradation. Chaque détenu dispose d'une pièce extérieure lumineuse et bien ventilée, dotée d'un mobilier simple et de toilettes ; des draps blancs recouvrent les lits et la touche familiale est évidente dans les photographies et les travaux fantaisie si chers au cœur des femmes. Les prisonnières, vêtues de leurs vêtements à carreaux bleus et blancs, ont l'air soignées et soignées de servantes hollandaises. Ils ne sont que soixante-cinq, et la conversation est permise.

Les femmes disposent d'une aire de jeux pour faire de l'exercice en plein air et d'une salle de réunion pour les divertissements en soirée. Ils reçoivent une formation industrielle et un enseignement élémentaire ; et bien que la discipline soit ferme, la vie reste aussi normale que possible ; et les violations délibérées des règles se produisent rarement. La surintendante actuelle est une femme possédant des qualifications exceptionnelles pour le poste – une femme dotée d'une sympathie rapide et réactive, d'une vaste expérience et d'une excellente capacité de direction. Un cours *approfondi* de sciences domestiques prépare les femmes au service domestique ou aux tâches ménagères futures, et certaines d'entre elles sont habiles dans les beaux travaux d'aiguille et de broderie.

Les lignes de l'ancienne image de la vie en prison, si profondément gravées dans ma conscience, s'estompent déjà ; car même si je sais que dans trop d'États le réveil n'a pas eu lieu et que le sort du prisonnier ternit encore notre civilisation, *la lumière s'est brisée et la voie est libre* . Non seulement dans mon propre État, mais dans tous les États de l'Union, le glas du vieux pénitencier, avec ses cellules infâmes et ses cachots sombres, a sonné. La révolution sans effusion de sang du mouvement réformateur est irrésistible simplement parce qu'elle est conforme au progrès humain.

Ce n'est que lorsque la génération actuelle de criminels sera décédée que l'on pourra espérer des résultats satisfaisants du changement généralisé dans la gestion des prisons ; car un grand pourcentage de nos condamnés aujourd'hui sont le produit de prisons, de maisons de correction et de prisons engendrant le crime. Les « incorrigibles » sont tous des hommes qui ont été soumis à des influences démoralisantes et brutalisantes. Dans les épidémies à glacer le sang des hommes armés et des braquages de trains, la société ne fait que récolter la moisson des maux qu'elle a permis. Ce n'est que lorsque les commissariats de police, les prisons, les ateliers, les maisons de correction et les prisons *auront tous été radicalement modifiés* qu'il sera possible de faire une évaluation juste de la valeur des récentes méthodes humaines.

CHAPITRE XV

Le principe de base de la réforme chez ceux qui s'attaquent à la société est le changement des énergies destructrices en énergies constructives. C'est l'ouverture de nouvelles voies pour les forces humaines. Le changement d'environnement, la rupture de toute association liée à des poursuites criminelles, la vie en plein air contrastant avec l'atmosphère souillée des immeubles surpeuplés et des salles de danse, tout cela a une influence salutaire et libératrice sur l'esprit ; les obsessions anormales se relâchent, différentes cellules cérébrales deviennent actives et la fibre morale de l'homme ainsi que son être physique absorbe les éléments vitaux. Que le travailleur ait droit à une part des fruits de son travail est vrai partout dans le monde, et l'industrie et l'efficacité sont stimulées par la reconnaissance du rapport entre la réussite et la récompense.

Une discipline répressive stricte appliquée à l'esclavage organisé du travail est en violation directe de tous ces principes. La colonie pénitentiaire semble être une méthode rationnelle pour traiter ceux dont l'éloignement permanent de parmi nous est jugé nécessaire. À maintes reprises, les colonies pénitentiaires ont apporté des solutions satisfaisantes au problème criminel. La Virginie et le Maryland absorbèrent les exportations humaines des cours anglaises et leurs descendants se joignirent à la construction d'une grande nation ; tandis que la colonie pénitentiaire d'Australie a abouti à une civilisation de premier ordre. Même si l'expulsion de nos criminels n'est peut-être ni réalisable ni souhaitable aujourd'hui, la création de communautés pénales industrielles dans chaque État, sur la base d'une participation aux bénéfices, est à la fois réalisable et souhaitable et entraînerait sans aucun doute une réforme permanente de nombreux criminels. constituent désormais une menace pour la sécurité publique.

Bien que les gardiens progressistes accomplissent des changements très importants dans leurs domaines, le travail permanent de réforme des détenus exige un certain nombre de concessions dans la législation. Jusqu'à ce que le système de contrats soit complètement et définitivement aboli au profit du système d'utilisation par l'État, le pouvoir, même du meilleur gardien, sera limité. Avec le système d'exploitation par l'État et la ferme-prison, les prisonniers ont une variété de possibilités de formation industrielle presque aussi grande que celle offerte à l'extérieur.

Que les gains des prisonniers, au-delà du coût de leur entretien, soient soit crédités à l'homme lui-même, soit envoyés à la famille qui dépend de lui, n'est que juste pour le prisonnier et soulagerait le comté d'où il est envoyé de l'impôt sur le prisonnier. soutien de la famille de l'homme. Cela est si évident qu'il est désormais largement défendu pour des raisons à la fois économiques et humanitaires, et a déjà été adopté dans plusieurs États.

Une autre concession est encore plus importante, car sa négligence a été une violation directe non seulement de tous les principes de justice mais aussi de l'honnêteté quotidienne. Cette concession est la reconnaissance du devoir de l'État d'accorder toute réparation possible à l'homme qui a été emprisonné pour un crime dont il était innocent.

Il y a des années, lors d'une de mes visites à notre pénitencier, un avocat très expérimenté a fait la remarque suivante : « D'après ce que je sais des procédures judiciaires, je suppose que vingt pour cent de ces condamnés sont innocents de l'accusation pour laquelle ils sont ici. Je n'ai pas crédité cette déclaration, et je l'ai ensuite répétée à un autre avocat, qui a dit : « Je devrais estimer le pourcentage encore plus haut ». Je ne croyais pas non plus à cette estimation ; et je n'y crois pas non plus. Mais ayant étudié les dossiers et obtenu le pardon de deux hommes innocents, et ayant connu personnellement deux autres hommes emprisonnés pour des crimes auxquels ils n'ont pas pris part, je sais *que* des hommes innocents sont envoyés en prison. Les avocats ont tendance à traiter de tels cas en faisant la remarque désinvolte : « Eh bien, ils n'étaient peut-être pas coupables de cet acte particulier, mais ils ont sans aucun doute commis des crimes pour lesquels ils ont échappé à toute punition. » Je n'ai une connaissance positive que de ces quatre cas, mais dans aucun d'entre eux, le condamné ne faisait partie de la classe pénale. Une autre remarque que j'ai entendue est celle-ci : « Il y a sans doute des innocents en prison, mais il y en a davantage de coupables qui s'évadent », qui rappelle l'aveu de Charles Lamb : « Oui, je suis souvent en retard au travail le matin, mais alors je rentre toujours chez moi tôt l'après-midi. Aussi plausible que puisse paraître l'excuse, elle ne fait qu'aggraver l'aveu.

Il est arrivé il y a quelques années, dans mon propre État, qu'un ouvrier ait été reconnu coupable d'en avoir tué un autre. Henry Briggs a affirmé son innocence, mais un réseau de preuves plausibles a été établi à son sujet et il a été envoyé en prison à vie. Sa mère, veuve, avait foi en son innocence et a payé deux mille dollars aux avocats, qui ont promis d'obtenir la grâce de son fils mais n'ont rien fait dans ce sens. Briggs était en prison depuis une dizaine d'années lorsqu'il m'a raconté son histoire et je pensais qu'il avait dit la vérité. Sa ville natale se trouvait à l'autre bout de l'État, mais j'ai écrit à l'ex-shérif, qui était censé tout savoir de l'affaire, que la mère du prisonnier lui donnerait mille dollars supplémentaires s'il pouvait obtenir des preuves de l'innocence d'Henry et obtenir son procès. pardon. Une correspondance longue et intéressante s'ensuivit et, au bout de deux ans, la preuve de l'innocence de l'homme fut obtenue et Henry Briggs était un homme libre. Dans sa dernière lettre, le shérif m'a écrit : « Dire que pendant toutes ces douze années, ce condamné avait dit la vérité absolue *et qu'il n'était jamais venu à l'idée de personne de le croire* jusqu'à ce que vous entendiez son histoire. Mais cet ancien shérif, qui avait perçu les honoraires et le kilométrage de son shérif pour avoir emmené un innocent en prison – il était en réalité redevable envers le prisonnier d'une jolie petite somme payée par le comté – et pourtant, ce shérif n'avait aucun scrupule à prendre les mille dollars. de Mme Briggs pour avoir réparé un tort qu'il m'a franchement avoué avoir participé à la perpétration. Or, en toute honnêteté, en dollars et en cents, le comté d'où Henry avait été envoyé devait à la mère et au fils des Briggs au moins dix mille dollars ; au lieu de cela, la mère est restée une veuve pauvre, tandis que le fils, sans jeunesse et sans santé, a dû recommencer sa vie.

Lorsque des hommes sont mutilés à vie dans un accident de chemin de fer, les propriétaires de la route sont obligés de payer une bonne somme en compensation. L'employeur est responsable des dommages lorsqu'un employé est blessé par une machine défectueuse ; mais aux victimes de notre appareil pénal, aucune compensation n'est accordée par l'État, aux mains duquel l'outrage a été commis. Il est vrai que la personne lésée est libre de porter plainte contre l'individu qui l'a accusé du crime, mais comme l'enfant brûlé redoute l'incendie, l'innocent reconnu coupable d'un crime redoute les tribunaux.

Mais nous prenons conscience du sentiment de ce vol des plus cruels ; le vol de la liberté d'un homme, de ses revenus, de sa réputation et trop souvent de sa santé ; et nous en arrivons à voir que l'indemnisation de l'État, après avoir reçu des preuves convaincantes de l'innocence de l'homme, n'est que ce qui est juste et est même bien inférieure au fair-play.

C'est au Wisconsin qu'appartient l'honneur de prendre la tête de cette réforme la plus importante, puisqu'en 1913 le Wisconsin a adopté une loi assurant une compensation en argent de la part de l'État dans tous les cas où la preuve pouvait être fournie que l'on n'était pas coupable du crime pour lequel on avait souffert. emprisonnement. Aucune loi plus juste et plus vertueuse n'a jamais été adoptée. L'argent à lui seul ne peut jamais compenser un emprisonnement injuste, mais la seule expiation possible est une compensation financière et une justification publique.

Les mesures envisagées jusqu'à présent sont toutes correctives ; mais bien que nous ayons récemment fait des progrès rapides dans les mesures appliquées après que les hommes ont été envoyés en prison, nous avons peu pensé aux mesures préventives. Et c'est ici que nous sommes à nouveau confrontés à l'air du temps.

Tout au long de la seconde moitié du XIXe siècle, les hommes de science – chimistes, biologistes, médecins – étudiaient des mesures préventives pour endiguer la vague du mal sous forme de maladie. Auparavant, la science médicale visait principalement à lutter contre des maladies déjà développées ; mais sous la direction de Pasteur et de Lord Lister, le monde médical fut sensibilisé au fait qu'il était possible d'éviter les terribles ravages de nombreuses maladies qui, cinquante ans plus tôt, avaient été acceptées comme des visites de la Providence. Désormais, les « mesures préventives » deviennent le mot d'ordre chez les hommes qui se consacrent au bien-être physique de la race ; et les « mesures préventives » ont également un rapport très important avec le bien-être moral de la communauté, et la voie est ouverte à leur application.

Par exemple, l'emprisonnement d'hommes innocents serait largement évité par la suppression de tous les frais liés aux arrestations et aux condamnations. Le système de récompenses pour les arrestations et les condamnations est absolument démoralisant pour la justice ; car aussi longtemps que l'ensemble du bataillon d'hommes employés à protéger le public aura un intérêt financier direct dans l'augmentation de la criminalité, il sera déraisonnable de s'attendre à une diminution du nombre d'hommes enfermés dans nos prisons. Une inspectrice officielle des prisons et des postes de police de mon propre État rapporte qu'elle a souvent fait admettre aux policiers que c'était une grande tentation d'arrêter un pauvre diable, puisque la ville payait des frais pour de telles arrestations ; Elle déclare en outre qu'à Chicago, l'administration pénale de la ville repose entièrement sur les taxes, et elle ajoute : « Quelle meilleure incitation pourrait être offerte aux fonctionnaires pour pénaliser un étranger inoffensif à la recherche d'un travail ? Tous les maux résultant de cet arrangement abominable et indéfendable seraient dans une certaine mesure diminués par le simple processus d'abolition des taxes et d'augmentation des salaires. Cela a déjà été fait dans certaines localités ; et il ne fait aucun doute que la génération à venir se demandera comment le système de tarification aurait pu être adopté ou toléré.

Le bastion le plus imprenable de l'inhumanité dans le traitement des personnes soupçonnées d'être liées au crime, ce sont nos commissariats de police ; C'est particulièrement le cas dans nos grandes villes. Le commissariat de police et le système de tarification sont les parents d'une coutume des plus barbares ; un mal des plus insaisissables, dont les racines, comme celles du liseron vicieux, sont si profondément souterraines, avec un enchevêtrement de relations si compliqué qu'il est presque inextirpable, impliquant dans certains cas des procureurs de bonne réputation, des détectives, des policiers, des shérifs - dans certains cas. fait, impliquant plus ou moins l'ensemble des agents censés protéger le public. Cet abus est appelé *le troisième degré* , ou *la boîte à sueur* .

Un homme est arrêté, accusé d'un crime ou d'avoir connaissance d'un crime. Avant qu'il ne soit jugé devant un tribunal, des moyens sans scrupules sont utilisés pour lui extorquer un aveu de crime ou de complicité dans un crime – ou même des connaissances liées à un crime.

Un médecin connaissant toutes les circonstances a récemment attiré mon attention sur le cas d'une femme censée avoir des connaissances pouvant impliquer son mari dans un cambriolage. La femme était invalide. Après avoir été maintenue pendant quarante-huit heures sans nourriture ni eau, forcée de marcher alors qu'elle semblait sur le point de s'endormir d'épuisement, on lui a dit que son mari l'avait abandonnée, avait pris son enfant et était parti avec une autre femme. Elle était à ce moment-là dans un état frénétique, et lorsqu'on lui a dit que sa torture cesserait avec son aveu de la culpabilité de son mari, trop distraite pour remettre en question son abandon d'elle, elle a donné un faux témoignage contre son mari et a été libérée.

Le mari n'était en aucune façon impliqué dans le crime, mais les conséquences de cette affaire furent désastreuses pour son entreprise. Il n'avait jamais songé à abandonner sa femme, mais cela faisait partie du plan du *troisième degré* d'empêcher le mari et l'avocat qu'il avait engagé de voir la femme jusqu'à ce que le but recherché soit atteint.

Un jeune avocat m'a parlé d'une scène *de troisième degré* des plus révoltantes dont il a été témoin, et il m'a raconté l'histoire comme un exemple de l'habileté qui a imaginé un terrible choc nerveux afin de prendre par surprise une femme soi-disant coupable ; le choc était suffisant pour rendre la femme folle.

Chaque fois que j'ai parlé de ce sujet à ceux qui sont familiers avec les méthodes *de la transpiration*, le mal a été franchement admis et condamné sans hésitation, mais j'entends toujours la même chose : « Oui, nous savons que c'est un abus terrible, mais nous ne l'avons pas fait. pu l'empêcher." C'est tout simplement un crime public qu'un tel système soit toléré pendant un jour. MWD Howells a dit à juste titre : « La loi et l'ordre qui défient la justice et l'humanité ne sont qu'une anarchie organisée. »

Je n'ai pas hésité à stigmatiser mon propre État avec ce mal *du troisième degré*, mais je comprends que cela se pratique également dans d'autres États sous prétexte que la fin justifie les moyens – mais et si la fin était l'emprisonnement à vie d'un innocent ? Je pense à un jeune homme qui a été soumis à quatre jours de torture *dans une boîte à sueur*. À la fin de cette période, alors que même la pendaison offrait au moins un répit à ses bourreaux, il signa une déclaration, rédigée par ces bourreaux, selon laquelle il était coupable de meurtre. Le garçon n'avait que dix-huit ans, mais il a été envoyé en prison à vie, même s'il semble désormais probable qu'il n'ait rien à voir avec ce crime. Cependant, il est difficile d'obtenir le pardon d'un homme envoyé en prison sur la base de ses propres aveux ; et c'est là que l'injustice est la plus noire : elle enlève à un homme toute substance dans une déclaration d'innocence ultérieure, *car il ressort des archives de l'affaire qu'il a avoué sa culpabilité* .

Il existe bien entendu de nombreux cas où le *troisième degré* n'est pas recouru ; en effet, son utilisation semble se limiter principalement aux villes où les commissariats constituent un cercle dans un cercle. Dans les petites villes, après l'arrestation, l'affaire est généralement portée devant le tribunal sans tentative non autorisée préalable d'inciter le prisonnier à se condamner lui-même, et, si l'accusé est un homme riche qui peut employer un avocat compétent, le procès devient un jeu entre les avocats adverses, et les deux parties ont au moins une chance équitable. Ce n'est pas le cas lorsque le tribunal désigne un avocat pour le pauvre. L'accusation joue alors le jeu aux dés pipés ; car il est d'usage que le tribunal nomme le débutant le moins expérimenté dans la profession. Los Angeles, en Californie, a récemment introduit une mesure admirable pour assurer une approche plus proche de la justice dans les tribunaux pour les pauvres, en nommant un procureur de district régulier pour la défense des accusés qui ne sont pas en mesure de payer les services d'un avocat compétent. . Cette nomination d'un défenseur public a été faite uniquement dans le but d'assurer la justice aux pauvres et à l'étranger ignorant ; c'est un pas des plus encourageants dans la bonne direction, et cela semble un moyen plein d'espoir d'exterminer le système *des boîtes à sueur* .

Nous ne pouvons pas espérer accomplir grand-chose avec des mesures préventives tant que nous n'aurons pas franchement affronté les causes des maux que nous souhaitons réduire. Que le saloon soit une source prolifique de crime, les dossiers de tous les tribunaux le prouvent incontestablement ; c'est aussi une des causes de la pauvreté qui à son tour devient une cause de criminalité. Le saloon est entièrement entre les mains du public, qui peut être modifié, contrôlé ou aboli selon les diktats de la majorité. Ce n'est pas aussi simple qu'il y paraît, mais quand on se rend compte que si le propriétaire du saloon récolte tous les bénéfices de son entreprise, c'est le contribuable qui est obligé de payer les frais des délits résultant de cette entreprise, la question devient celle de l'économie publique ainsi que de la morale publique. La force qui fait évoluer la société est vouée à l'emporter à long terme, et l'élimination progressive du saloon tel qu'il existe aujourd'hui est inévitable ; et il est certain qu'avec le contrôle du mal du saloon, il y aura une réduction marquée du nombre de crimes commis.

Les rangs criminels reçoivent chaque année un renfort provenant d'un certain nombre de sources désormais tolérées par un public qui souffre depuis longtemps. Nous avons toujours notre armée de vagabonds, causée en partie par une gestion défectueuse des prisons de comté où les hommes sont maintenus dans une oisiveté forcée aux dépens de la communauté ouvrière ;

le résultat également de conditions industrielles instables et d'une concurrence bien plus grande, puisque les femmes, en réduisant les salaires, ont largement pris possession des domaines industriels. L'agitation constitutionnelle et l'aversion pour un travail régulier poussent également les hommes et les garçons à tenter la vie de vagabond, facile mais précaire ; et dans les moments de malchance, le glissement vers le crime est presque une évidence.

La voie du bannissement du mal des vagabonds a déjà été tracée en Belgique, aux Pays-Bas et en Suisse grâce au développement de la colonie agricole dans laquelle chaque vagabond est strictement envoyé. Il y est soumis à une formation industrielle impliquant la reconnaissance des capacités individuelles et le développement dans la direction à laquelle il est le mieux adapté. Ces colonies agricoles sont des écoles d'industrie où chacun est obligé de travailler pour gagner sa vie pendant son séjour et est apte à gagner sa vie lorsqu'il part. Les résultats de ces mesures ont été tout à fait satisfaisants, et il nous suffit d'adapter leurs méthodes aux conditions de ce pays pour obtenir des résultats similaires. L'élimination du clochard est une sauvegarde nécessaire pour la communauté ; et pour le clochard lui-même, c'est un salut contre la dégradation cumulative.

M. Fielding-Hall, un Anglais, autrefois magistrat, puis directeur de la plus grande prison du monde, et le plus radical des humanitaires, après des années d'étude approfondie des causes du crime, déclare que la société seule est responsable. Il ajoute : « Cela ne sert à rien de dire que les criminels sont nés et non créés ; ils sont créés et sont créés par la société. » Et il est vrai que dans chaque communauté où les êtres humains sont parqués dans des immeubles insalubres, dans des usines surpeuplées et insalubres, ou vivent sous terre dans des mines, nous continuerons à engendrer une classe mentalement, moralement et physiquement déficiente, dont certains sera inévitablement sujet à des épidémies criminelles. La pauvreté entraîne une mauvaise santé et la malnutrition sape le pouvoir de maîtrise de soi.

La science médicale nous dit même aujourd'hui qu'il n'existe probablement aucune forme de tendance criminelle sans rapport avec des défauts physiologiques : cellules cérébrales empoisonnées par la maladie ; des cellules cérébrales défectueuses soit par hérédité – comme chez les enfants des faibles d'esprit – soit affaiblies par la malnutrition pendant l'enfance, enfants du besoin ; cerveau légèrement déséquilibré ; et, plus rarement, l'impulsion criminelle s'est développée à la suite d'une lésion directe du cerveau provoquée par un coup. Les crimes sont également commis dans des conditions anormales temporaires telles que la « double personnalité » ou la double conscience. Dans ce diagnostic de crime , nous nous trouvons à côté d'un hôpital ; et cette classe de criminels ressemble étroitement à ce que les aliénistes appellent des « cas limites », tandis que les pénologues non scientifiques les ont négligemment classés comme « dégénérés ». Les médecins nous disent que lorsque Lombroso étudiait les « types », s'il avait envahi les hôpitaux caritatifs des grandes villes , il aurait trouvé les mêmes spécimens d'humanité rabougris, sous-alimentés et physiquement défectueux qu'il stigmatisait comme le « type criminel ».

De deux prisonniers que j'ai bien connus, l'un était sujet à de légères crises de catalepsie, l'autre à l'épilepsie ; chacun de ces hommes avait commis un meurtre, et chacun m'a dit la même chose : "Je n'avais aucune raison de tuer cette personne et *je ne sais pas pourquoi je l'ai fait* ". Ces deux hommes étaient religieux et extrêmement consciencieux ; mais lorsque les « sorts » tombaient sur eux, ils étaient irresponsables comme une feuille emportée par le vent ; et tout en regrettant passionnément leurs actes d'horreur, ils semblaient toujours considérer cet acte comme *quelque chose d'extérieur à eux-mêmes* .

Aucun d'entre nous ne comprend encore l'interaction entre le mental et le physique dans la nature de l'homme, mais le fait de cette interdépendance est clair ; et tandis que les gardiens de prison progressistes passent au crible le matériel humain jeté entre leurs mains, accordant une liberté relative aux « hommes d'honneur », et une formation industrielle et une éducation élémentaire à ceux qui sont à l'intérieur des murs, ils n'ignorent pas le fait qu'il y a un résidu – ils sont dans toutes nos prisons – un résidu d'hommes qui ne peuvent pas rester seuls moralement ; Handicapés par des causes dont ils ne sont peut-être pas responsables, ils ne peuvent espérer être des « hommes d'honneur », car ils sont des invalides moraux – souvent aussi des invalides mentaux. Il va de soi qu'ils doivent être maintenus sous contrainte. Ils ont besoin du contrôle d'une main ferme mais flexible, et ils doivent être sous surveillance médicale directe ; car leurs crimes peuvent avoir d'autres causes que le mauvais sang. [16]

L'amélioration des lois sur les usines, de meilleurs logements pour les pauvres, l'application des règles d'hygiène publique, l'application de certaines des théories les plus saines de l'eugénisme, le travail des infirmières de district, tout cela est en passe de réduire le nombre d'individus malades ou anormaux. qui tombent si facilement dans le crime. Nous avons déjà enregistré plusieurs cas où un coup porté à la tête avait provoqué des impulsions criminelles incontrôlables, où une habile opération chirurgicale du cerveau a supprimé la pression et où, avec la restauration du cerveau normal, la nature de l'individu a retrouvé son équilibre moral. Chaque grande ville devrait avoir son hôpital de détention psychopathique en relation avec ses tribunaux, auquel on pourrait recourir dans tous les cas où il existe un doute sur la responsabilité de toute personne accusée d'un crime, et chaque grand pénitencier devrait avoir son service psychopathique pour hommes envoyés en prison. des petites villes.

Mais quand tout sera dit et fait, quand les principales sources de la criminalité seront reconnues et contrôlées, quand une saine sociologie s'unira au christianisme comme base de gestion dans chaque prison, quand le « type criminel » de Lombroso aura finalement été relégué dans les limbes de la théories éclatées, le crime sera toujours parmi nous, simplement parce que la nature humaine est la nature humaine ; et quelle que soit la nature humaine, elle *est* un violent explosif, que nous soyons d'accord avec saint Paul sur le « vieil Adam » ou que nous croyions avec les évolutionnistes que nous émergeons lentement de la brute et que la bête de proie dort encore en nous. non endormi, mais endémique chez les hommes et les femmes alliés au trafic d'esclaves blancs et chez ceux qui sont responsables du massacre massif de l'humanité et de la destruction des biens causés par la guerre. Seule la régénération complète de la nature humaine peut bannir le crime ; et après que nous qui nous appelons « société » avons fait de notre mieux, la nature humaine continuera à se livrer à des actes anarchiques. Tant que nous aurons parmi nous une pauvreté désespérée, le besoin se révoltera en actes désespérés, et la pauvreté sera présente jusqu'à ce que la race ait atteint une moyenne plus élevée d'économie et d'efficacité et que les conditions industrielles soient développées sur une base d'équité pour tous ; et là où il y a un maillon faible dans la nature morale d'un homme, la pression excessive de la tentation, exercée sur ce lien, le fera rompre, même si dans son cœur l'homme peut avoir faim et soif de justice. Lorsque la science de l'eugénisme aura donné son coup de main, elle sera encore déconcertée par l'apparition du proverbial mouton noir dans les troupeaux où l'hérédité et l'environnement auraient logiquement dû produire une toison neigeuse ; et qui d'entre nous oserait affirmer qu'aucune infusion de mauvais sang ne décolore sa propre ascendance enchevêtrée ?

Tous les maux de la pauvreté, du vice et du crime ne sont que des expressions de l'imperfection de la nature humaine commune à nous tous. La chaîne du tissu est la même, variée tout comme les couleurs et les tons, ainsi que la résistance des fils avec lesquels les vies individuelles sont tissées. Que nous en soyons conscients ou non, tous nos efforts en faveur de la réforme sociale témoignent d'une conscience croissante de l'unité de l'humanité.

Malgré toutes nos imperfections, la nature humaine n'est-elle pas saine de cœur ? N'aimons-nous pas ce qui nous semble bon et ne haïssons-nous pas le mal apparent ? Nous ne réalisons pas l'œuvre insidieuse du mal en nous-mêmes ; mais lorsqu'il nous est révélé objectivement, lorsqu'il est mis en relief par une explosion de mauvaises actions chez autrui, notre saine impulsion instinctive est de l'écraser. Les persécutions religieuses et juridiques ont sûrement eu pour origine le désir d'exterminer le mal apparent ; ce désir est toujours parmi nous, mais nous apprenons de meilleures méthodes pour y faire face que de libérer les limiers de la cruauté. Nous commençons à comprendre que le mal ne peut être vaincu que par le bien.

Alors que les paroles du fondateur du christianisme m'ont conduit pour la première fois à mon expérience en prison, après toutes ces années d'étude du sujet, je me retrouve à la même porte où je suis allé et à croire que toute théorie de réforme sociale, y compris toutes les 'ologies, se résout en dernière analyse à une sage conformité à la Règle d'Or. Sur la page de garde d'un petit carnet que je portais lors de ma visite au pénitencier étaient écrits au crayon ces mots : « La religion chrétienne est le ministère de l'amour et du bon sens », et j'ai vécu assez longtemps pour voir l'enseignement du christianisme constituer la base de la réforme pénitentiaire et de la science serrant la main de la religion dans cette relation d'homme à homme. Désormais, je croirai que *rien n'est trop beau pour être vrai* , pas même l'avènement de la paix universelle.

NOTE DE BAS DE PAGE:

[16] La relation entre le criminel, les déficients et les aliénés était claire pour moi depuis de nombreuses années, et je ne pouvais pas comprendre le mépris des tribunaux à l'égard d'un fait aussi évident pour l'étudiant des trois classes. Mais le travail le plus précieux dans ce domaine est actuellement effectué par le Dr JM Hickson, du laboratoire psychologique géré en relation avec le tribunal municipal de Chicago, et les résultats de ses tests sur la mentalité des jeunes criminels retiennent désormais l'attention. Le Dr Hickson déclare sans hésitation la nécessité d'une réforme de nos lois et de nos tribunaux. L'existence de ce laboratoire psychopathique est en grande partie due au juge Olson, de Chicago, un homme aux vues les plus avancées en matière de pénologie et un humanitaire pratique.